Vivre !

DU MÊME AUTEUR

L'homme qui avait bâti sa maison sur le sable, Robert Laffont, 1993 ; Pocket, 1996.

De cendres et de braises, avec Geneviève Delpech, Presses de la Renaissance, 2000.

La jeunesse passe trop lentement, Plon, 2011.

J'ai osé Dieu..., Presses de la Renaissance, 2013.

Michel Delpech

Vivre !

PLON
www.plon.fr

12, avenue d'Italie
75013 Paris
Tél. : 01 44 16 09 00
Fax : 01 44 16 09 01
www.plon.fr

ISBN : 978-2-259-23007-0

Prologue

Il y a trois mois, j'ai guéri. Je l'ai annoncé à ma famille, à mes amis, et même à des journalistes qui me demandaient si je remonterais bientôt sur scène. Je l'ai dit avec assurance en direct, à la télévision, au journal de 20 heures où j'avais été invité. J'en étais convaincu, et fort soulagé. Il me restait quelques soucis de voix, à vrai dire de gros soucis quand on est chanteur et que l'on a très envie de retrouver le public. Mais qu'importe, j'avais guéri.

Il y a deux mois, la douleur s'est réveillée. Au fond de la gorge. Plus précisément, à la base de la langue. C'est très long, une langue. Sa base est située près du larynx. Au bas de la gorge. J'ai cessé d'avoir goût pour toute nourriture, ma voix m'a de nouveau lâché. Je me suis tiré par l'oreille pour aller consulter. Je n'avais pas envie, c'est tout.

Il y a un mois, je suis retourné à l'hôpital. Je suis rentré assez serein : je n'imaginais pas, sur le moment, qu'il me faudrait reprendre tout le circuit, les prises de sang, les cathéters, les sondes, les perfusions, les chimiothérapies, les radiothérapies. Suis-je innocent ! En fait, je n'avais pas guéri. Je le savais, mais je n'avais pas voulu comprendre que rémission ne veut pas dire guérison. Ma récidive n'est pas très originale, c'est même assez courant quand on a un cancer. Mais bon, ce n'est pas une raison pour se flinguer ; il vaut même mieux éviter de le faire si on a envie de guérir.

J'ai eu la chance, hormis cette maladie, d'avoir une bonne condition physique. Je n'ai pas eu besoin d'entretenir la machine trop scrupuleusement. J'ai vécu en mangeant ce que j'avais envie de manger, en fumant, en ne faisant pas de sport. J'aimais bien me faire plaisir. J'ai arrêté de fumer quand le cancer s'est déclaré. Je me suis alors souvenu que j'avais un corps dont je ne m'étais sans doute pas assez occupé. J'avais oublié de le choyer. En Orient, le corps est important : c'est à travers lui qu'on peut travailler sur l'esprit. Je suis un peu trop cérébral, à la mode occidentale. Je n'ai pas su écouter ce corps, désormais il occupe tout mon temps.

J'ai décidé de prendre les choses comme elles viennent. A ce stade, je n'ai pas trop le choix. Je passe Noël à l'hôpital, ce n'est pas une situation idéale, mais je ne me laisserai pas traumatiser par cet incident de parcours. Après tout, je vis une aventure et, même si elle n'est pas très drôle, même si j'en ai connu de plus fabuleuses, j'essaye quand même d'y trouver des « trucs sympas ». Il y en a toujours, il suffit d'ouvrir les yeux. Evidemment, tout est relatif, mais cela fait deux semaines qu'à force de chercher des petits bonheurs j'ai fini par trouver des moments formidables. Ici, dans cette minuscule chambre où tout le monde est aux petits soins pour moi, le personnel soignant mais aussi mes proches, mes amis que je n'avais jamais autant vus. J'ai peut-être tendance à abuser, par exemple, de cette petite sonnette à portée de ma main. J'avoue : j'appelle parfois pour pas grand-chose, pour voir la porte de la chambre s'ouvrir, un sourire surgir dans l'entrebâillement. J'appelle sans doute pour me rassurer.

Dans mon entourage, on s'est inquiété. Je ne suis pas d'un naturel franchement optimiste, j'ai même une fâcheuse tendance à m'angoisser pour pas grand-chose. Dans les regards, je vois pourtant l'étonnement : non, je n'ai pas craqué. Non, je n'ai pas perdu mon sens de l'humour et je continue à sourire et même à rire. Depuis le temps, j'ai heureusement appris à me connaître. Je sais les réactions parfois excessives que j'ai face aux petits ennuis, à ces détails de l'existence qui ne sont pas toujours à ma convenance – des clés qu'on perd, un rendez-vous qui s'annule à la dernière minute, un embouteillage, un souci, bref, toutes ces choses secondaires, aussi agaçantes que des piqûres de moustique, énervantes, mais pensons-y, sans conséquences sur le déroulement de nos vies.

Je suis beaucoup plus performant face aux grandes épreuves. Ce n'est pas pour autant que je les souhaite : je m'en passerais bien mais, quand elles sont là, il faut y aller ! Il n'y a pas d'alternative. Et si je donne alors une impression d'optimisme, c'est parce qu'à force de me concentrer sur cette épreuve, sur l'Epreuve, j'occulte ce qui pourrit le quotidien. Les vraies épreuves, elles, ne pourrissent pas la vie : elles sont bien au-delà de cela.

A l'hôpital, je me suis (plus ou moins) débarrassé des microtracas de l'existence. J'ai relégué derrière la porte de ma chambre les pollutions contingentes qui, d'habitude, m'exaspèrent et que, désormais, je relativise. Depuis un mois, je n'ai pas été vraiment traversé par ces bouffées de pessimisme, ou tout au moins de négativisme, que nous connaissons tous dans la vie hors de ces murs qui m'enferment. Je n'ai pas plongé dans un optimisme béat ; je suis circonspect. Je sais désormais que la guérison n'est pas une simple formalité. Je sais qu'il est aussi possible pour moi de ne pas guérir. Mais je travaille à guérir. On verra bien.

Depuis plus de quarante ans, je cherche des clés. Les clés de la sagesse, de la paix, de la joie. J'en ai pris l'habitude, telle est devenue, au fil du temps, ma double vie : le soir, je suis sur scène, je chante sous les lumières et au milieu des strass ; le jour, quand je ne suis pas immergé dans une tournée, dans une écriture d'album ou dans un enregistrement, je cultive mon jardin. Je me plonge dans les écrits des philosophes et des théologiens, je dévore les textes des Pères de l'Eglise et ceux des Grecs anciens.

Cependant, depuis plus de quarante ans, je suis trop agité pour être dans le bonheur. Agité de pensées, de sentiments, de troubles, de doutes. Je ne suis pas un esprit zen, je ne suis pas « relax » mais, au contraire, je suis d'un naturel assez ténébreux, qui s'en fait pour un rien A force de lectures, de débats, de discussions, je sais où est la sagesse, mais je ne l'ai pas encore trouvée. Je sais qu'elle réside au fond de nous, qu'elle est notre vraie nature, notre nature d'origine, qu'elle est donc indépendante des mouvements de la vie, je sais qu'elle seule a le pouvoir de nous apporter l'apaisement.

Depuis un mois, je suis dans cette chambre d'hôpital. Curieusement, alors que le ciel est près de me tomber sur la tête, je n'ai jamais été aussi apaisé. Je n'ai jamais été aussi attentif à ce qui peut m'apaiser, en moi et en dehors de moi. Je ne suis pas encore un vieux sage, loin de là ! Si j'ai repris mon cahier et mon stylo (je fais partie de la poignée d'irréductibles qui ont quelques difficultés avec les écrans et les claviers), c'est aussi pour essayer de comprendre. De mettre au clair mes idées. D'identifier ce qui fait que cette rechute, ce « re-cancer », ne m'a pas brisé mais que, au contraire, il m'a grandi – j'ose le penser. De savoir pourquoi il m'aura fallu être à l'hôpital pour réaliser cela, alors que j'aurais pu le faire à tout moment de ma vie.

Je n'écris pas pour donner de leçons : je n'ai rien à enseigner, je ne sais rien. J'écris pour comprendre ce qui vient d'éclairer mon chemin. J'écrirai tout ce que je ressens. Au fil de ces pages, dans ce cahier qu'il me reste à noircir, je ne transmettrai rien. C'est uniquement mon cœur que j'ouvrirai.

1

Guérir parce qu'on y croit

Le fil s'est coupé en février 2013 quand j'ai eu l'annonce de mon premier cancer. Une annonce brutale. Depuis quelque temps, ma voix ne me suivait plus. Consultation de routine, une sonde dans la gorge, une phrase simple, directe, sans fioritures : «J'ai une mauvaise nouvelle, vous avez un cancer.» Le médecin, un ORL, n'a pas tourné autour du pot. En tout cas, il fallait bien que ce mot finisse par être prononcé. Sur le moment, je ne l'ai pas cru. Je n'ai pas assimilé ses paroles. On sait bien que de telles maladies, cela n'arrive qu'aux autres... Je n'ai pas pris conscience de la mort qui rôdait, qui aurait pu me cueillir. Innocemment, je n'ai pas senti une seule seconde que j'étais en danger. Je suis resté dans la continuité, sans prendre conscience que la vie m'était si précieuse, malgré ses difficultés, malgré les difficultés que j'ai eues parfois à appréhender. Après tout, ma vie n'était pas en danger. Du moins dans mon esprit. Et c'est tant mieux : si j'y avais pensé, cela aurait été difficilement supportable.

J'étais en tournée, pour des spectacles que je donnais à travers toute la France. J'étais surtout au bout de mes forces ; le soir même, j'ai annulé un concert. Et puis tous les autres concerts programmés. Il m'a pourtant fallu cinq ou six jours de réflexion – et quelques examens complémentaires – pour admettre que ce médecin qui m'avait agacé, que j'avais trouvé un peu trop sûr de lui, ne s'était pas trompé.

Dès lors, le cancer a envahi totalement mon espace. Il a fallu que je m'occupe exclusivement de lui. Il n'y a pas eu d'alternative. J'ai tout arrêté d'un coup, tout ce qui n'était pas « lui ». Du jour au lendemain, par la force des choses, je n'ai plus revu mes musiciens. Je ne suis plus remonté sur scène – sans douter cependant que c'est là qu'est ma place et que j'y reviendrai. Je me suis accroché à la vie : c'était instinctif, presque animal.

J'ai été hospitalisé trois semaines plus tard. Je n'ai jamais douté de ma guérison, je ne me suis jamais dit que j'allais mourir. Je savais que j'étais dans un état grave, mais je savais tout autant que j'allais m'en sortir. Il me restait à choisir celui qui allait m'accompagner dans cette aventure.

J'avais croisé la route du professeur Claude Maylin dans ma vie d'avant, quand j'étais chanteur. Il s'occupait, entre autres, d'enfants malades du cancer, et il m'avait sollicité, ainsi qu'une poignée d'artistes et de sportifs, pour égayer une de leurs après-midi à l'hôpital Saint-Louis, à Paris. Il était chaleureux, j'avais été ému en le voyant, lui le mandarin, aux petits soins pour ces gamins. Je me suis spontanément tourné vers cet homme : je sentais qu'il avait la petite étoile au-dessus de lui, la baraka, et qu'il allait me la transmettre. En sa présence, j'avais l'impression d'être en sécurité. Je connaissais ses compétences, j'ai été séduit par son optimisme. Avec ce partenaire de voyage, j'ai senti que je ferais un bon périple : notre team serait gagnante. Aujourd'hui, dans ma rechute, c'est lui qui continue de m'accompagner.

Il a beaucoup été dit et écrit sur l'effet placebo qui participe de toute guérison, même dans les traitements les plus courants. De récentes études menées en Australie par de très sérieuses équipes scientifiques ont même prouvé qu'il augmente l'effet des antibiotiques pour combattre des bactéries : ça marche mieux si on y croit, et si on est persuadé que le prescripteur, en général le médecin, connaît son métier, et qu'il est confiant dans le succès du traitement. Le placebo, ce n'est donc pas seulement la poudre de perlimpinpin ou la boule de sucre des charlatans, ce n'est pas « que » du mensonge ! Dans l'effet placebo, tout joue : l'espoir du malade et la force de conviction de son médecin, l'optimisme qu'il insuffle, l'envie de guérir et la certitude que ce traitement-là nous y aidera. Evidemment, le placebo n'est pas la panacée, il ne remplacera jamais les traitements médicaux, mais le climat qu'il crée rend, je le pense et bien des études l'ont démontré, les traitements plus efficaces. Du moment que j'ai rencontré le professeur qui allait me soigner, j'ai su que l'on allait gagner. Placebo ? Après tout, pourquoi pas ? De fait, nous avons remporté haut la main la première manche !

Je ne suis pas un grand spécialiste, mais j'ai la modestie de croire dans le pouvoir de l'esprit. On peut l'appeler vibration ou pensée positive, qu'importe le nom : ce pouvoir-là est, à mon avis, tout à fait naturel, mais d'un naturel qui se situe à un niveau encore inconnu de nous, que nous n'avons pas encore exploité. Un peu à la manière des ondes radio ou télé qui, il y a à peine un siècle, auraient certainement été assimilées, par la plupart des grands esprits, à des apparitions de l'au-delà – c'est une époque où ces derniers, les Arthur Conan Doyle et les Camille Flammarion, croyaient mordicus aux revenants et pratiquaient avec assiduité le spiritisme. D'ailleurs, le mot surnaturel est un peu trop galvaudé à mon goût. Je suis profondément croyant et j'ai vécu un jour un « choc religieux » à Jérusalem où j'ai rencontré le Christ. J'ai par ailleurs été témoin, à quelques reprises, de ce que l'on a coutume d'appeler des « phénomènes surnaturels ». Or, le pouvoir de l'esprit n'est pas, pour moi, de cet ordre-là. Il n'a rien à voir avec une intervention des anges, des saints, des miracles ou des prières : ce serait plutôt, s'il faut le qualifier, une manifestation de la nature, sur un mode tout à fait rationnel, mais qu'il nous reste à comprendre. La confiance que j'ai placée en mon médecin, en ses équipes, a peut-être été, en tout cas je le crois, un geste médical à part entière. Ma certitude que je guérirais, aussi. Mon esprit était placé en position « Guérison ». J'ignore de quelle manière, nous sommes très loin d'avoir exploité toutes les possibilités de notre cerveau, mais sans doute que dans vingt ou trente ans, tout ceci sera d'une banalité extraordinaire...

Le fait est qu'à l'époque de ma première hospitalisation, si j'étais sûr de guérir, par contre, j'étais dans une totale ignorance de ce qui m'attendait. Heureusement ! En réalité, ce n'est pas à l'hôpital que j'ai souffert. Ce n'est pas là que j'ai douté. J'étais amaigri, lesté d'une quinzaine de kilos, enchaîné par des perfusions de toutes sortes, la chimiothérapie trouvait sa voie dans mon corps, et moi, je discutais de l'avenir, comme si de rien n'était, avec les copains qui se relayaient, nombreux, à mon chevet. Je n'avais pas réalisé que j'avais autant d'amis ! Dans le tourbillon de la vie « du dehors », la vie quotidienne, nous ne trouvons jamais le temps de nous arrêter pour voir ceux qui nous sont chers, nous nous promettons de les appeler, les mois puis les années passent, les liens se distendent. C'est quand «ça ne va pas» que l'essentiel resurgit. Et l'amitié fait, ô combien, partie de l'essentiel.

La maladie devint ainsi, pour moi, un mauvais moment à passer, sans plus. Ce n'était pas encore le grand bouleversement de mon existence. Etait-ce de l'inconscience? Il m'arrive d'être beaucoup plus perturbé pour une grippe ou une intoxication alimentaire! Mais là, comme toujours, face à la grosse épreuve, je me suis ressaisi. Je me suis redressé, et je me suis battu. Enfin, à ma manière, moi qui n'ai jamais su ce que se battre veut dire. Pour être plus précis, je me suis plutôt laissé soigner avec beaucoup de docilité, exécutant scrupuleusement tout ce que l'on me demandait. Je n'avais pas la volonté de m'en sortir, mais la certitude. Tant qu'il y avait les produits qui circulaient dans mon corps, je savais que j'étais en train de me sortir d'affaire. Je ne me disais pas : «Je vais me battre pour guérir.» Mais : «Je reçois une chimio, je suis donc en train de guérir.» C'est le cas aujourd'hui aussi, dans ce lit où j'écris.

En réalité, depuis le début de ma maladie, je n'ai eu en moi aucune colère, aucun regret.

Aucune aigreur à l'encontre de ce mal. Aucune impatience non plus, au contraire. Le cancer est l'une de ces épreuves qui vous apprennent la patience. Vous pouvez fulminer, vous pouvez vous morfondre, crier, pleurer, cela ne changera rien à ce qui est. Et cela, je l'ai compris d'instinct. J'ai beau fouiller ma mémoire, je ne me souviens curieusement d'aucun mouvement de révolte à ce sujet : contre le cancer, contre un Dieu ou un destin qui me l'auraient infligé, contre moi-même qui ai, dans ma jeunesse, commis pourtant pas mal d'excès. C'était une grande épreuve, et ma première réaction a été une injonction à moi-même : « Du calme ! » Ce calme, j'ai réussi à le préserver malgré tous les aléas, les moments désagréables, les transports au bloc opératoire, les effets secondaires des traitements. Je m'en étonne moi-même. N'allez pas croire que je sois un saint homme ! Au quotidien, face aux petits tracas, je peux facilement être sanguin, en colère, râleur. J'ai tous les défauts de la terre pour les petits événements, ceux qui n'impliquent pas une « vraie » décision à prendre, un « vrai » combat à mener. Mais là, c'était tout autre chose.

J'ai donc laissé passer le temps, j'ai fait ce qu'il y avait à faire sur le moment, sur l'instant. «Prenez vos comprimés», «retournez-vous», «levez le bras», «penchez la tête» étaient pour moi des consignes capitales. Je me suis laissé faire, sans jamais me renseigner, ni demander ce que l'on était en train de me faire. Cela ne me venait pas à l'esprit : j'étais confiant, j'étais soigné, donc j'allais guérir. Dieu sait si je n'aime pas le sang, surtout le mien ! Que je frémis encore lorsqu'au moment d'une prise, j'entends les infirmiers se parler : «Prépare les tubes.» LES tubes ! Remplis de MON sang ! Quelle horreur ! Pourtant, je me suis remis entre ces mains qui me soignent, avec la confiance d'un enfant. J'ai été maintes fois en salle d'opération, certaines interventions délicates étaient effectuées sous anesthésie locale, et les médecins, des orfèvres, étaient protégés des radiations par une sorte de bouclier. J'en ai vu, des produits, des pochettes, des sondes devenir le prolongement de mon corps. Et je me laissais embarquer en toute confiance, avec même un petit sourire puis un merci. Après tout, je ne pouvais envoyer personne d'autre à ma place et j'ai donc décidé de ne plus penser aux instants cauchemardesques ni de me morfondre avant une nouvelle descente traumatisante au bloc opératoire pour me mettre ou m'ôter je ne sais plus trop quoi sous la peau.

Je réalise aujourd'hui que l'hôpital ne me déplaît pas. Evidemment, je préférerais être en bonne santé, sur une scène, et chanter. Une fois que je l'ai dit et assumé, à quoi serviraient des lamentations et des ressassements, sinon à me faire encore plus de mal ? J'ai donc vécu de manière très cool cette première phase de ma thérapie. J'étais physiquement et psychologiquement soutenu par la bienveillance qui m'entourait et par l'amour qui m'a été donné. L'amour de la femme de ma vie, de mes enfants, des autres, l'amour de mes amis, de personnes que je ne connaissais absolument pas sous cet angle affectif et qui se sont manifestées avec des brassées de sentiments. La tendresse, la compétence du personnel infirmier qui prend mille précautions pour éviter à celui ou celle qu'ils soignent toute gêne ou douleur inutiles. Ils sont formidables ! Aujourd'hui, je suis à nouveau dans mon lit d'hôpital. Et à nouveau, délivré des contingences qui nous absorbent dans la « vraie vie », qui nous empêchent bien souvent de penser à l'essentiel, je peux ressentir de manière très tangible l'effet de cette bienveillance, de cet amour sur mon corps. J'ose penser que l'on guérit plus vite quand on aime et que l'on est aimé.

Irais-je jusqu'à suggérer qu'à l'inverse, on peut se fabriquer ses propres maladies? La Faculté les nomme «maladies psychosomatiques» et les explique de manière tout à fait scientifique par des perturbations des systèmes endocrinien et métabolique. Poussées d'eczéma, infarctus ou ulcères sont désormais communément considérés comme des désordres qui résultent, au moins en partie, de l'influence de l'esprit sur le corps. Pourquoi cela ne serait-il pas le cas du cancer? Cette maladie qui se soigne (aussi) par l'amour est peut-être, en partie (aussi), l'effet du «sang d'encre», le «mauvais sang» dans le sens littéral du terme. La tumeur nous ronge, comme on peut se ronger soi-même. Est-elle alimentée, excitée par nos propres ruminations? C'est en tout cas mon point de vue. De la même manière que l'amour m'a aidé à m'en sortir une première fois, les pensées noires qui m'habitent souvent ont tenu un rôle dans ma chute. Et sans doute dans ma rechute.

L'amour seul m'a porté après ma première hospitalisation. J'ignorais tout des effets secondaires qui m'attendaient. Je n'ai pas prié sur mon lit d'hôpital : j'ai prié après, quand sont advenus les moments les plus terribles, quand je n'ai pas retrouvé ma voix, quand j'étais épuisé sans aucune raison objective, quand j'ai fini par plonger dans des accès dépressifs. Le « mauvais moment à passer » n'en finissait plus de passer, et j'en étais désarçonné. Je ne crois pas que le ciel se soit mêlé de mon cancer, mais je lui demandais de m'aider à avoir la force de le surmonter, de me plier à la discipline indispensable, de faire ce qu'il m'était demandé de faire. Je n'ai jamais prié pour guérir, je n'ai jamais tenté ce que l'on appelle, dans la tradition chrétienne, les « prières de guérison », j'ai plus souvent pensé : « Que Ta volonté soit faite. » Dieu n'a pas besoin de nos discours, de nos demandes pour savoir ce qui est bon pour nous !

Une autre personne savait ce qui était bon pour moi : ma femme. Dès que le diagnostic de mon cancer a été établi, de nouveaux livres ont garni nos étagères : toutes sortes d'ouvrages dédiés à la nutrition. Ses deux chevaux de bataille ont été le soja et le curcuma. Elle m'en a fait avaler des tonnes ! Avant ma première hospitalisation, je mangeais volontiers les mets les plus énergétiques, pour me constituer une petite réserve. A ma sortie de l'hôpital, je n'avais plus goût pour aucune nourriture, et même l'eau me dégoûtait. Soja et curcuma sont donc retournés dans leur placard, et moi, qui étais un gourmand invétéré, je ne me suis plus jamais réveillé la nuit pour grignoter dans le réfrigérateur. Je n'ai même plus envie d'une bonne entrecôte, et je ne suis pas sûr que je saurais apprécier un repas à une table étoilée, c'est dire. Après tout, cela fait, aujourd'hui, plus de deux ans que je ne me suis pas offert un grand repas, et je suis quand même debout – légèrement frustré, mais qu'importe, la vie continue...

2

Je ne suis pas un joyeux luron

Je relis ces premières pages que j'ai écrites d'une traite, et j'entrevois plus clairement le chemin que j'ai parcouru depuis ma première hospitalisation. Ce chemin m'intrigue.

Entendons-nous : je ne suis pas un vieux sage, et je ne le serai sans doute jamais. Je ne suis pas non plus un joyeux luron. Je n'ai jamais été d'un optimisme béat, je suis même, me disent ceux qui me connaissent de près, trop négatif, souvent trop pessimiste, et l'ouverture aux autres n'est pas, chez moi, un trait de caractère saillant. Le matin, au réveil, je suis bougon, et il me faut quelques bonnes minutes avant de me mettre en action : ce n'est pas un moment que j'adore, et je le fais savoir. Bref, rien dans mon tempérament ne me prédispose à être le malade cool, celui qui voit le verre à moitié plein plutôt qu'à moitié vide, et qui croit mordicus que cet événement fâcheux, son cancer, sera bientôt du passé. C'est pourtant ce malade que je suis devenu. Et, peut-être, cet ex-malade que je vais devenir.

Quand j'étais môme, cheveux longs et veste cintrée, je donnais l'impression de vivre une fête permanente, de papillonner avec plaisir, de dévorer la vie sans jamais être rassasié, bref d'être d'un naturel joyeux et guilleret. Evidemment, j'en ai fait des conneries ! La fiesta, les filles, quelques drogues étaient intimement liées à l'univers qui était mien, celui de la chanson, surtout dans les années 1960 et 1970. J'étais un oiseau de nuit, j'en ai un peu abusé, je ne rentrais chez moi qu'à des heures étranges mais, en réalité, j'ai toujours été un gnou parmi les géants de la déconnade, ces grands mâles dominants qui savent raconter des blagues avec un sourire marrant, qui sont relax en toute situation, qui manient le second degré et n'ont peur de rien, que rien n'arrête et qui foncent dans la vie comme si elle leur appartenait en exclusivité.

Il m'arrive de les envier, de vouloir, comme eux, renvoyer des balles liftées, du tac au tac et de manière brillantissime. Mais je ne sais pas faire. J'ai besoin de réfléchir avant de répondre, ce qui me prive d'ailleurs de participer à un paquet d'émissions télévisées, des talk-shows où le meilleur n'est pas celui qui a raison, mais celui qui répond le plus fort. Que de fois j'ai voulu clore le bec à des importuns par une repartie cinglante et bienvenue, mais qui ne m'est venue que trois jours après. J'en ai raté pas mal, dans ma vie ! Et j'en ai piaffé.

Depuis toujours ma nature est plutôt silencieuse et réservée. Depuis toujours, les fêtes programmées sont un cauchemar pour moi, même si, par politesse, j'essaye d'être aimable, agréable, léger. D'être sociable et de rendre l'image que l'on attend de moi. J'ignore si je donne vraiment le change, mais je ne sais pas me marrer simplement parce qu'il est l'heure de se marrer, parce que c'est le réveillon de la Saint-Sylvestre ou n'importe quelle autre fête obligatoire et annoncée. J'aime bien faire la fête, mais pas à heure fixe, ni sur commande. Je peux être en fête à chaque instant, et je n'ai pas besoin de champagne pour me donner de la joie.

A vingt-cinq ans, j'étais déjà très célèbre, mais je connaissais très peu les autres chanteurs de ma génération. Nous nous croisions sur les plateaux de télévision, je les saluais avec plaisir, mais j'étais bien trop timide pour engager avec eux une conversation. Ce n'est pas moi qui aurais été ouvrir les portes des autres loges, Salut les gars, on va boire un coup ce soir ?

J'ai toujours eu des amis, mais pas beaucoup. Et ils n'étaient pas forcément chanteurs ou acteurs, même si un vécu similaire aide à tisser des ponts. Je suis plus en affinités, aujourd'hui, avec des chanteurs de la nouvelle génération chez qui je reconnais mon parcours, ma manière de penser. Je me retrouve dans leurs réactions, leurs angoisses, je comprends leurs inquiétudes, leur caractère parfois excessif. On les dit insupportables ? Je sais qu'on peut l'être dans ces circonstances-là !

Je n'ai pas eu la même relation avec mes aînés, sans doute parce que ma génération avait ouvert une nouvelle page dans l'ensemble du lien social, et pas seulement dans le monde du spectacle. Eux, les Léo Ferré, les Jacques Brel, étaient de grands personnages devant lesquels nous nous prosternions ou presque, remplis d'admiration, incapables de les héler, de les approcher. Cela aurait été impensable. Ils appartenaient au vrai star system, celui qui faisait rêver. Depuis la vague yé-yé à laquelle, d'une certaine manière, j'appartiens, les relations sont plus fluides, plus faciles, plus simples entre les gens. Aurais-je aimé être une star à la manière des anciens ? Je ne le sais pas. Les temps sont ainsi, je ne suis pas du genre à vivre dans les regrets, je ne fais pas partie des regretteurs d'hier.

Comme tous les timides, je suis intimidant. Je communique, sans le vouloir, une sorte de malaise dans ma relation avec les autres : elle n'est pas fluide, elle est dans la retenue, et sans doute que j'impose le respect. Je ne suis pas le seul timide dans le monde du spectacle, loin de là ! Cela donne parfois lieu à des situations cocasses. Je me souviens, par exemple, d'une rencontre avec Renaud, un grand timide, lui aussi. C'était il y a très longtemps, nous ne nous connaissions pas, sauf de réputation bien sûr. Après avoir assisté à l'un de ses concerts, je suis allé le saluer dans sa loge. Je suis entré, je l'ai félicité, je me suis assis. Pendant un quart d'heure, nous sommes restés en silence, deux grands timides l'un en face de l'autre. C'était épouvantable. J'étais mal, j'étais malheureux, lui aussi probablement, nous voulions que ça s'arrête, que l'autre amorce la conversation. Mais aucun de nous deux n'en a été capable. La visite terminée, je me suis levé, je suis parti.

C'est très ennuyeux, d'être aussi timide ! J'aurais aimé être sociable, léger, avoir du bagout, de l'entrain. Entamer une conversation avec des personnes que je ne connais pas de longue date, comme je le fais spontanément depuis que je suis sur ce lit d'hôpital. Certains jours, je rêve que ma timidité disparaisse à tout jamais, par un coup de baguette magique. Mais elle n'a jamais disparu. Je pense que le public ne s'y trompe pas, même si sur scène, comme tous les artistes timides, je me désinhibe : le timide en moi s'en va dès que s'ouvre le rideau, dès que retentissent les premières notes de musique, et un exhibitionniste le remplace aussitôt. La scène, c'est fait pour ça aussi...

Mon univers personnel est plus intimiste que le laisseraient entrevoir toutes ces apparences. Déjà, au collège, j'avais mon petit groupe d'amis, toujours le même. On faisait les bêtises ensemble, on s'amusait ensemble, j'étais un peu le meneur, mais je ne rayonnais pas sur toute la cour de récréation. Je cachais ma timidité, et je crois que j'y parvenais dans une certaine mesure. J'ai quitté l'école très tôt, sans même avoir réussi à décrocher mon bac et, à 19 ans, j'ai connu mon premier succès musical avec « Chez Laurette », une chanson dont j'avais écrit les paroles ; Roland Vincent les avait mises en musique. Je n'ai plus jamais repris mes études, j'ai essayé de les compenser par une boulimie de lectures, de rencontres, mais je reste toujours un peu gêné face à des personnes qui ont cumulé des diplômes : je me sens alors en position d'infériorité, et là, je regrette vraiment les années fac que je n'ai jamais connues. C'est mon petit complexe que la célébrité n'a pas réussi à effacer...

Tout jeune, je préférais déjà les tête-à-tête aux grands banquets, les réunions intimistes où l'on peut mener des discussions plus profondes, des discussions qui enrichissent. Quand on est dix ou quinze, ça papillonne, et papillonner, je ne sais pas faire. J'aurais adoré en être capable, mais je suis alors un peu mal à l'aise. Par contre, en petit comité, je sais plaisanter, rire et m'amuser. Je suis plus en confiance. Je suis plus moi-même.

J'aurais aimé être un joyeux drille, avoir toutes les qualités, mais je ne les ai pas. Quand j'étais plus jeune, ma timidité, ma tendance à me replier sur moi plutôt que d'aller vers les autres, fut pour moi un handicap. Je l'ai réalisé il y a quelques années, en 2006, quand j'ai enregistré un album de duos, reprenant mes titres à succès, avec d'autres chanteurs qui, pour certains, appartenaient à ma génération. Quelques-uns étaient des amis, un ou deux étaient même de très bons amis, mais je n'avais jamais parlé à plusieurs autres. Hormis le « salut » que l'on se lance quand on se croise dans une émission de télévision... Avec le temps, j'ai compris que je suis bien obligé de vivre avec ce que je suis. Avec ma réserve. Et je ne m'en porte pas plus mal.

Je ne suis pas pour autant dans la nostalgie de ce qui aurait pu être et qui n'est pas. Je ne sais pas m'appesantir sur le passé même si, comme tout le monde, il m'arrive de penser à hier, le plus souvent aux bons moments, et de me dire qu'à tout prendre, ma vie a été très agréable. Il m'arrive même parfois d'y penser très fort, mais je ne revis pas hier avec un serrement au cœur, je ne rumine pas non plus les moments douloureux, parce qu'il y en a eu aussi. Ils appartiennent au passé, et ce passé est révolu. Inutile de m'y attarder : il y a bien des choses plus intéressantes auxquelles réfléchir, vers lesquelles aller.

Pendant un certain temps, j'ai conservé des tas de coupures de presse, beaucoup d'affiches, en pensant surtout à mes enfants, plus tard à mes petits-enfants qui auraient envie de mieux connaître ce que fut ma vie de chanteur. Au cours d'un déménagement, les cartons ont été abîmés par un dégât des eaux. Puis, au cours d'un autre déménagement, ils se sont perdus. Sur le coup, je les ai regrettés. Pendant vingt-quatre heures, je me suis même énervé. Puis je suis passé à autre chose. Depuis, je les ai oubliés.

Il arrive aujourd'hui que je tombe sur d'anciennes photos, d'anciennes vidéos. Je ne les fuis pas, je les vois même avec plaisir, mais je ne les recherche pas non plus. Je ne suis pas emmuré dans mon passé, je préfère regarder le moment présent. Je ne peux pas vivre dans les lamentations et, à part pour les peines d'amour, j'ai toujours été assez imperméable à la nostalgie.

Est-ce une force ? Sans doute. Mais celle-là, je ne l'ai pas spécialement cultivée. J'ai la chance de l'avoir en moi. En tout cas, je l'ai bien entretenue...

3

Du foot et autres plaisirs

Depuis que je suis retourné à l'hôpital, j'ai décidé de prendre la vie du bon côté, et quand je tournerai la page de la maladie, j'y mordrai à pleines dents ; j'en suis pour l'heure incapable, mais il y a plein de petites choses qui restent à ma portée. D'abord, l'environnement n'est pas détestable, l'établissement est même assez coquet, et j'ai fini par me convaincre qu'un hôpital est un lieu très positif où les gens renaissent – en dépit de quelques erreurs de parcours et parfois de décès. Mais après tout, on vient ici pour se soigner, pas forcément pour mourir.

Evidemment, il y a des moments moins sympathiques, d'autres que je continue à appréhender inutilement. Par exemple, le sang : je ne peux pas supporter d'en voir une goutte, a fortiori quand c'est le mien. Je l'ai annoncé d'emblée et, depuis, tout a été fait pour que je n'en voie jamais. Mon autre angoisse était l'un des effets secondaires de la chimiothérapie. Elle a des tas d'effets secondaires dont j'ignorais tout, mais beaucoup sont heureusement allégés par des contre-prescriptions ; en revanche, l'idée de me réveiller avec des cheveux sur l'oreiller, de perdre ainsi des lambeaux de moi, ne me plaisait pas trop. J'ai donc décidé de me faire raser le crâne. J'ai déjà eu les cheveux longs, courts, presque rasés, mais, cette fois, c'était autre chose. Finalement, l'affaire s'est conclue rapidement – beaucoup plus rapidement qu'une visite chez le coiffeur. J'étais dans l'expectative du résultat, j'imaginais le pire, mais je ne me trouve pas si mal ainsi. De toute manière, ce n'est pas très grave, mes cheveux repousseront.

Malgré les petits aléas et les gestes médicaux qui ne sont pas forcément douloureux, mais pas pour autant agréables, j'ai un programme confortable, assez rempli. Il y a toujours quelque chose à faire, je ne m'ennuie pas vraiment, je passe même quelques moments charmants : le tout est d'apprendre à les repérer, à s'en satisfaire au lieu de perdre son temps à maudire son sort et à se morfondre inutilement – car, malgré tout, je ne l'oublie pas, je suis cloué sur un lit d'hôpital, loin de chez moi, et je serais mille fois plus confortablement installé dans ma chambre, dans mon lit. J'ai résolu ce problème de manière radicale : je me suis mis, mentalement, en dehors du contexte de mon appartement, de mon quotidien. Je ne vis pas dans la nostalgie du monde extérieur et, passés les deux premiers jours, j'ai cessé de regarder par la fenêtre qui donne sur la rue en me lamentant : « Ah, si seulement j'étais dehors... » Et puis, dehors, il pleut et il fait froid. Je ne sais pas si cela s'appelle « vivre l'instant présent » mais, de fait, pour capter les moments agréables dans le contexte hospitalier, j'ouvre mes « antennes » et je me consacre à ce qui se passe ici, autour de moi : l'insolite, le singulier, l'aimable, plutôt que la morne routine et le détestable, même s'ils existent aussi. Je ne voudrais pas donner l'impression de planer au-dessus des contingences, mais telle est ma vérité.

En guise de réveil-matin, j'ai droit, tous les jours, à un léger courant d'air, ma foi fort agréable, qui précède les tintements du chariot chargé du matériel médical. Je ne pense pas que le sourire de l'infirmière de service me soit exclusivement réservé, même s'il est possible que la notoriété du chanteur qu'elles connaissent m'attire quelques minuscules faveurs, à commencer par celle de ce sourire. De fait, comme beaucoup de ceux qui sont régulièrement passés en prime time à la télévision, je fais un petit peu partie de la vie de tout le monde, j'ai accompagné la vie de tout le monde. Je suis une vieille connaissance que l'on a suivie au fil des ans, certains me disent « un confident », ou même « un ami ». L'idée ne me déplaît pas ! Et je lis, non sans plaisir, les lettres intimes que certains m'envoient.

L'enfant gâté que je suis parfois se laisse dorloter : prise de température, de la tension, vérification de l'oxygénation : on me chouchoute, et ça recommence toutes les quatre heures. Et puis il y a le moment le plus glorieux, quand l'infirmière, sa petite barquette entre les mains, me nomme les gélules et comprimés qu'elle me tend l'un après l'autre, avec autant d'emphase que s'il s'agissait du menu d'un restaurant multiétoilé. Je fais semblant d'y croire et j'en suis toujours aussi charmé. Peut-être est-ce mon âme d'enfant qui resurgit ?

Certains plaisirs me manquent, je fais en sorte d'éviter d'y penser. Les plaisirs de la table par exemple, qui me sont interdits : il y a une telle guerre au fond de ma gorge que toute intrusion supplémentaire serait pour moi un cauchemar ! J'ai souffert, les premiers temps, devant les plateaux-repas de l'hôpital que j'étais incapable d'ingérer. J'en ai laissé quelques-uns, incapable de les toucher. La nourriture m'a pourri la vie. Et puis, l'idée a surgi : pourquoi pas une sonde pour m'alimenter ? Je me suis habitué à sa petite musique, elle rythme mes journées. Oserais-je avouer qu'elle est presque devenue une amie ?

A l'hôpital, je ne mange pas, mais je me promène : pour me dégourdir les jambes, j'effectue cinq ou six fois le tour du pâté de chambres. Comme dans ma vie ordinaire, je n'ai pas d'horaires précis pour me balader : j'écoute mes envies. J'évite ainsi, du moins autant que je le peux, de transformer la promenade en rituel ennuyeux, sans surprise : les rituels ne font pas partie de mon existence. Ils m'angoissent. Et puis, en ne me promenant pas tous les jours à la même heure, j'essaye, tentative, je le reconnais, dérisoire, de mettre un peu de piment dans mon existence d'hospitalisé. En marchant tout doucement, je croise d'autres malades, debout sur le pas de leur porte, le regard dans le vague. Ils sont habillés, je le suis aussi ; j'ai un cancer, eux aussi ; ils attendent je ne sais quoi. Nous nous saluons d'un imperceptible mouvement de tête, je poursuis ma route. Je passe, je repasse, les mêmes sont là, ils n'ont pas bougé, presque statufiés. A quoi pensent-ils ? Que font-ils ? J'ai parfois envie de les entraîner dans mon mouvement, mais je poursuis mon chemin, sans m'arrêter. Je glisse, par curiosité, un coup d'œil rapide dans les chambres : la plupart sont grandes, plus grandes que la mienne. Mais elles n'ont pas le charme de celle qui m'a été dévolue ! Celle-là, j'ai appris à l'habiter, à l'apprivoiser. Contrairement à mes habitudes quand je m'installe quelque part, que ce soit dans une maison ou à une table de café, je n'ai pas tourné, je n'ai pas hésité pour la choisir, je n'ai pas cherché à capter ses ondes, à l'écouter ; c'est elle qui m'a choisi. Et après ma promenade, je suis content de rentrer « chez moi ».

Je ne dirais pas que je « médite » pour qualifier les longues plages de réflexion que je m'offre, un luxe dans la vie ordinaire, une banalité dans le contexte hospitalier. Méditer est un mot à la mode – même Jacques Attali, homme d'action menant mille vies à la fois, a dévoilé sa pratique quotidienne de sept minutes par jour! Est-ce pour cette seule raison que je n'utilise pas volontiers ce mot? Je lui en préfère un autre, très démodé mais plus en accord avec ma foi chrétienne : l'oraison.

L'oraison est une forme de prière méditative, une prière du cœur, plus proche de la contemplation que de la prière à proprement parler quand celle-ci devient imploration. Sainte Thérèse d'Avila, pour qui j'ai une tendresse particulière, en donne une jolie définition qui me parle : «L'oraison, dit-elle, est un échange d'amitié où l'on s'entretient souvent seul à seul avec Dieu dont on se sent aimé.» C'est une forme de spiritualité très ambitieuse, et c'est pourquoi j'hésite à utiliser ce terme pour qualifier ma propre pratique. Si je ne prie pas, si je ne médite pas, si je ne me livre pas à l'oraison, en quoi consistent ces plages de silence qui me font tellement de bien, au corps et au cœur? Je fais le vide en moi, je laisse s'écouler mes pensées, l'une après l'autre, jusqu'à ce que la dernière d'entre elles disparaisse. Un ami m'a dit avec un petit sourire qu'il s'agit très exactement de la définition de la méditation zen : assis, couché, ou même en marchant, on laisse passer ses pensées comme des nuages au sommet de la montagne. On n'essaye pas de les retenir, on n'essaye pas de les chasser non plus : on les observe, tout simplement. Et, au bout d'un certain temps, les nuages/pensées sont repoussés par la brise, le ciel/esprit s'éclaircit.

Cette pratique ne m'est pas venue à l'hôpital : je m'y exerce depuis quelques années en dehors de ces murs. En dépit des multiples sollicitations du quotidien, des distractions permanentes, il m'arrive de passer des journées entières, chez moi, sans allumer la télévision ou la radio, sans mettre un disque. Des journées de silence. Assis ou allongé, je reste dans le rien – après que se soient dissipées les images et les pensées qui avaient besoin d'émerger, de s'exprimer. J'appelle cela « ma sieste géante », ma cure de silence qui me requinque bien plus qu'une semaine à la campagne. Peu importe le temps que dure cette « sieste ». J'en émerge parfois au bout d'une heure ou deux. D'autres fois, plus rarement, je me retrouve dans la pénombre parce qu'entre-temps, sans que je m'en aperçoive, la nuit est tombée. Je m'améliore lentement dans ce chemin. Est-il spirituel ? J'hésiterais à lui donner ce qualificatif. Il n'est pas religieux non plus. Ce n'est pas une quête de sens, plutôt une quête de soi. Un bonheur. Ici, je peux multiplier ces moments, continuer de m'améliorer très lentement. Pour les « siestes géantes », il me faudra attendre un peu...

Chez moi, dans cette chambre, je lis, j'écoute de la musique, les infos. La télévision me lasse : je n'ai pas une masse de chaînes et, pendant la journée, sur celles dont je dispose, les programmes ne sont pas particulièrement attractifs. Les chaînes sportives me manquent et, ici, il n'est pas question de zapper entre Canal+ et beIn Sports ! Je suis donc devenu accro à la radio. C'est elle qui me sauve pour suivre les matchs de foot dont je suis, depuis toujours, très friand.

Je suis, de longue date, un amateur de foot solitaire. Regarder un match avec des copains, devant une pizza et des bières, n'appartient pas à mon univers. J'ai besoin de me concentrer sur le jeu, qui est pour moi très sérieux, et je supporte mal, dans ces moments pour moi intenses, bavardages et commentaires intempestifs. A part, bien sûr, celui du commentateur qui officie sur mon petit écran – surtout lorsqu'il s'agit de Bixente Lizarazu dont je me délecte. C'est tout juste si je tolère mes fils quand ils sont chez moi et qu'il y a match ! Mais eux connaissent mon besoin de concentration, et nous évitons, ensemble, les verbiages inutiles, pour partager en silence la communion du sport.

Ce n'est pas particulier au foot : je suis ainsi devant tous les sports. Si je ne manque évidemment presque aucun match de la Coupe du monde de football, je suis également scotché devant mon écran pour les jeux Olympiques d'hiver et d'été, pour les tournois d'athlétisme, de ski et de tout ce que l'on veut. Même quand je ne connais pas très bien les règles de certaines disciplines, l'escrime par exemple, je me laisse néanmoins entraîner dans le spectacle, je compte les points, je m'enflamme, je m'enthousiasme, comme un supporter de base. Et j'adore ça ! Avant d'entrer dans la chanson, je pratiquais l'athlétisme dans ses différentes variantes, puis j'ai abandonné : j'avais la tête ailleurs, dans les strass et les paillettes. Aurais-je pu faire du sport mon métier ? Je me suis plusieurs fois posé la question avant de me coltiner à la vérité : je suis trop paresseux pour me plier à la discipline draconienne qu'une pratique professionnelle aurait exigée. Je suis fainéant, c'est vrai, mais comme tous les fainéants, j'ai énormément bossé dans ma vie. Le sport de haut niveau a cependant d'autres exigences. Peut-être que j'aime trop la vie pour accepter l'existence de moine soldat qu'il implique ?

Je connaissais les sports à la télé, je les ai donc découverts à la radio, comme au bon vieux temps. Et c'est un enchantement ! On ne voit pas, on imagine. On ne regarde pas, on rêve. Et, à écouter la flamme exceptionnelle des commentateurs, leurs cris de joie, leurs soupirs, leur débit qui s'accélère, leurs éclats, on a l'impression qu'il se passe des choses fabuleuses... et je me laisse totalement prendre au jeu. J'essaye de les visualiser : où sont-ils assis ? dans quel studio ? se lèvent-ils ou restent-ils assis ? des mouvements de leur corps accompagnent-ils leurs paroles ? J'adore cette part cachée de la radio, bien plus intimiste, bien plus révélatrice que la télévision de la véritable personnalité de celui qui parle. Ici, il n'y a pas de maquillage, pas de décors ni de décorum, rien que la voix, à l'état brut. Enfant, j'écoutais beaucoup la radio, comme tous ceux de ma génération. Je suivais les sports, mais aussi les pièces de théâtre Les clips musicaux n'existaient pas, les voix, les textes, les mélodies devaient pallier l'absence d'images. J'en ai gardé un goût très fort pour ce média que j'avais un peu occulté et que l'hôpital m'a permis de redécouvrir. C'est formidable, ne trouvez-vous pas ?

Les lendemains de matchs, le match se poursuit. Parmi les infirmiers du service, quelques-uns sont des passionnés de foot, comme moi. Nous discutons sec, et Marseille et le PSG nous occupent pendant qu'ils changent mes sondes et pansements. J'ai beaucoup aimé le PSG et je garde, comme tous les Parisiens, une tendresse pour « mon » équipe – même si sa débauche d'argent, ses joueurs désormais people, top models et fashion victims, l'ont mise en position de ne pas être forcément aimée. Je l'aime pour ce qu'elle a été, pour les rendez-vous bon enfant que j'avais au stade et l'atmosphère « famille » qui s'en dégageait. Mais si je dois me dire supporter d'une équipe, ce serait de l'Olympique lyonnais qui, lui, n'est pas encore passé dans l'autre dimension. Sept fois champion de

France ! Aujourd'hui encore, au sommet ! Des matchs formidables, qui vident la tête et emportent le cœur, qui deviennent parfois, dans le feu de l'action, la chose la plus importante au monde pour le spectateur ! Même quand on est au fond de son lit, à l'hôpital...

Certes, je regrette la pollution du foot par l'argent. Mais au fond, quand on est fan, on ne veut pas savoir, on ne veut pas se confronter au côté obscur de la chose, on veut garder son plaisir intact. N'est-ce pas le cas pour bien des choses de la vie ? J'admire profondément l'idéal des saints, des grands sages. Je suis ébloui quand je me plonge dans les histoires de leur vie. J'aurais aimé être l'un des leurs, mais je ne suis qu'un humain ordinaire. M'accusera-t-on de lâcheté si je reconnais que, bien souvent, je ferme les yeux sur ce que je ne veux pas voir, pour savourer pleinement un petit plaisir de l'existence ? Je n'ai pas atteint, et sans doute que je n'atteindrai jamais, les sommets de sagesse que requièrent la pleine compassion, la pleine lucidité, la pleine conscience, la capacité de faire fi de soi et d'en être heureux, pour n'être plus que dans la totale pureté. Regarder, derrière un match, son truquage, son dopage ou ses montagnes de fric me décevrait.

Je suis intarissable en matière de foot. J'ai dû lasser, au passage, quelques lecteurs. Je le suis quand je pense aussi à d'autres petits plaisirs. La musique évidemment – ah ! pouvoir prendre le temps d'écouter l'œuvre complète de Miles Davis ! Et puis mon jardin secret, la théologie – un jour, si j'en ai le courage, je lirai la somme complète de saint Thomas d'Aquin.

Je me laisse prendre par ces plaisirs qui sont le sel de la vie. Ils font partie eux aussi, je le pense sincèrement, de ce plus grand chemin que je cherche à suivre, un chemin spirituel paisible et réussi. C'est, en réalité, la seule chose qui pourrait me satisfaire complètement. C'est quoi la spiritualité ? On peut dire que c'est la recherche de la paix. Ce chemin-là est celui de la paix intérieure. Il se prend par la prière, par l'introspection, par le combat contre les passions dévorantes, et il se traduit par une sorte de plénitude, d'équilibre, de stabilité. Ce sont des sentiments qu'il m'arrive de ressentir parfois, lorsque je suis dans l'action la plus juste possible, quand je fais les choses comme elles doivent être faites. Même quand je suis un match comme je dois le suivre. C'est cela qui apporte la paix...

Il se fait tard. La porte de ma chambre s'ouvre. Le tintement du chariot. Une dernière fois, avant de dormir, prise de tension, thermomètre dans l'oreille. Ça en devient poétique – tant qu'on me dit que tout va bien.

4

Aimer la vie

Est-ce que je m'aime assez pour pouvoir aimer la vie? Voilà une question que je ne m'étais jamais posée, que je n'avais jamais pris le temps de creuser. Quand on est dans un tourbillon constant, il faut de la volonté pour se livrer à une véritable introspection. En réalité, on ne peut pas aimer les autres si on ne s'aime pas : charité bien ordonnée commence par soi-même.

S'aimer s'apprend, et j'essaye. Ce n'est pas simple. Il m'arrive de m'aimer, mais pas souvent. M'aimer quand j'ai bien réussi quelque chose, que je suis content de moi. Est-ce cela, s'aimer? C'est en tout cas un devoir. Une condition pour s'ouvrir aux autres. Donc à la vie

Evacuons d'abord ce qui ne va pas. Chez moi, je n'aime pas ma faiblesse, et je n'aime pas mon hypersensibilité qui me pousse parfois à la faiblesse. Je n'aime pas mon impatience. Ma maladie ne m'a pas laissé d'autre choix que d'apprendre à la dompter. De comprendre qu'il est indispensable de laisser le temps au temps. Qu'il me faudra désormais une patience de chaque seconde pour retrouver une élocution correcte. C'est comme au golf : parfois on parvient à lancer la balle très loin, sans savoir comment on s'y est pris, et le lendemain, on ne la propulse que péniblement à un mètre de soi.

Ma gorge a perdu sa souplesse, il lui faudra du temps pour la retrouver. Du temps et des exercices, parfois douloureux ; mais j'ai appris à avoir la patience de m'y soumettre. Patience aussi quand j'articule mal, que je suis inaudible, que mes proches, mes amis, ont du mal à comprendre et me demandent de répéter. Patience enfin quand, après ces efforts, la douleur se réveille, me forçant au silence. Patience face aux régressions inévitables, face aux déceptions inhérentes aux traitements. Patience quand un jour je semble tiré d'affaire, et que le lendemain, je régresse. Patience parce que je ne me sens pas dans mon meilleur état, parce que j'ai du mal à passer une journée normale en m'exprimant normalement. Patience quand je me fatigue très vite et quand je songe aux ruines au fond de ma gorge.

Je n'aime pas non plus mon côté mélancolique qui est, je le pense de plus en plus, inhérent au tempérament d'artiste ; ça va un peu ensemble, ça explique l'usage de certaines substances, alcool ou drogues, plus répandues dans mon milieu qu'ailleurs, nécessaires d'une certaine manière pour « tenir le coup » quand « rien ne va » et que le moral ne suit pas. Quand on ressent de la difficulté à s'exprimer, à agir, bref à vivre. J'ai été à quelques reprises paralysé par des dépressions – si beaucoup d'artistes sont sujets à la dépression, tous n'y plongent heureusement pas. La première m'a vaincu quand j'étais jeune ; la vie me souriait, j'avais du succès, tout me réussissait. Pourtant, j'ai plongé. Et j'ai plongé bien bas. Pendant une dizaine d'années, elle m'a tenu éloigné de la scène, de la chanson, de tout ce que je suis. Le premier psy que j'ai consulté à l'époque n'y a pas été par quatre chemins : la dépression, m'a-t-il dit, vous accompagnera toute votre vie. On n'en guérit jamais complètement même si, heureusement, on n'est pas toujours au fond du trou, noyé dans les ténèbres. La « zone insupportable » dispose d'une sortie. Mais elle dispose aussi d'une petite entrée : les récidives restent possibles, on « est sujet ».

J'ai donc mené ma barque, la sachant alourdie de cette petite pierre. Il m'est arrivé de l'oublier pendant des années, de vivre des moments merveilleux, de réussir à maîtriser la bête quand elle pointait le bout de son nez. Mais pour cela, il faut avoir de la force.

Et de la force, je n'en avais plus après m'être battu contre mon premier cancer, après les traitements lourds qui m'ont été administrés. J'avais sans doute oublié de me méfier, trop occupé par la guerre qui se déroulait dans ma gorge, trop préoccupé par ma voix que je ne reconnaissais plus, des mois après la fin du premier traitement. Les séances de radiothérapie avaient laissé des traces... Comme bien d'autres personnes touchées par cette maladie, je n'ai plus eu assez d'énergie pour me battre sur les deux fronts, celui du cancer et celui de la dépression. J'étais très fatigué, je n'arrivais plus à très bien suivre le rythme imposé par l'existence.

J'ai perdu goût à tout. Je me suis retrouvé, comme des années plus tôt, avec cette vilaine maladie qu'on appelle la dépression. C'est quoi, une dépression ? Pour moi, c'est essentiellement une altération de la volonté. On ne peut plus avancer. On est emmuré. J'ai passé un petit moment à essayer de me refaire. Je me suis battu, j'ai survécu au jour le jour, les petites victoires se sont accumulées et, finalement, je me suis retrouvé à quai. J'ai eu besoin d'être soutenu, mais je n'ai pas suivi de psychothérapie. Je me suis reposé l'esprit, comme je me reposais le corps. Je me suis laissé porter, avec confiance J'ai lâché prise en attendant que « ça » passe, et ce fut sans doute l'un des éléments qui m'ont permis de ne pas plonger trop bas.

Je n'aime pas aborder ce sujet. Les médias en ont énormément parlé, j'en ai moi-même énormément parlé. C'est un problème qui concerne beaucoup de monde, des « people » aussi, des artistes, beaucoup plus qu'on le croit, mais ces derniers s'en cachent souvent. J'ai voulu être vrai, comme je l'ai toujours été. Je ne joue pas à être Michel Delpech : lui, c'est moi, complètement. Je n'ai pas de numéro spécial destiné au public et un autre pour la sphère privée, je ne saurais pas endosser deux personnalités diamétralement opposées, à la Marilyn Manson, provoquant sur scène, charmant, affirment ceux qui le connaissent, quand il ôte ses costumes et son maquillage pour retourner à la vraie vie. C'est un joli numéro, mais je ne saurai jamais le jouer.

Je n'ai pas changé de nom en montant sur scène, je n'ai pas changé d'habits non plus. Le personnage que je me suis attaché à être, c'est moi. En tout cas, le plus proche possible de ce que je suis. J'ai toujours pensé, depuis mes débuts dans la chanson, que c'était la meilleure chose à faire, et je pense que cela m'a plutôt réussi. Le moyen le plus sûr, le plus évident de briller et de capter l'attention, c'est d'être parfaitement soi-même : toutes les personnes qui sont elles-mêmes sont des stars, porteuses d'un charisme s'exprimant de mille façons différentes. Rien ne peut les embarrasser. J'ai moi-même toujours tout assumé, je n'ai cherché à dissimuler ni mon mal-être quand il était là, ni mes croyances, parce que tout cela fait partie de mon histoire, de moi, des passages que j'ai dû emprunter et que je ne pouvais pas cacher. Je suis un personnage public et je l'assume. Je ne voulais pas forcément faire état de mon cancer, ni de mes dépressions, j'aurais souhaité ne jamais avoir à en parler, mais malheureusement, les médias ont été au courant, des articles ont commencé à être publiés, des ragots à être propagés, et je n'ai pas pu éviter de m'investir : j'ai préféré contrôler la situation, livrer la vérité plutôt que de laisser dire n'importe quoi.

Je me plais à penser que j'ai pu ainsi aider ceux qui se retrouvent dans la même situation et n'osent rien dire. Par honte, par peur, par timidité. Ai-je tendu ma main à quelques-uns ? Je le pense. C'est ce que je lis dans les courriers qui me sont adressés par l'intermédiaire de ma maison de disques. Des piles de courriers qui me parviennent jusqu'à l'hôpital et qui m'ont aidé, eux aussi, à remonter à quai.

Avec les années, on apprend plus ou moins à faire avec ce qu'on est. Par la force des choses. Je ne sais pas si l'on change vraiment, même si l'on en a l'illusion, et même si quelques « arêtes » se sont émoussées, bonifiées. Certains jours, j'ai l'impression d'être le même qu'à vingt ans, mais ce même-là, je le connais mieux, j'ai appris à le maîtriser. Par exemple, hypersensible, je le suis toujours. Mais je me suis dompté :

quand on est à fleur de peau, on peut vite tomber dans la paranoïa, surtout dans le monde du spectacle dans lequel j'ai toujours évolué. Mais on peut aussi tirer profit de ce trait : j'ai donc appris à m'écouter, à suivre mes intuitions, ces vibrations que je reçois et que j'envoie, ces antennes qui se déploient parfois en moi et m'encouragent à avancer ou, au contraire, à freiner. Et qui, parfois, m'amènent à me planter.

J'ai cultivé ce que j'aime le plus chez moi : mon opiniâtreté. C'est une grande ressource si l'on sait la maîtriser ! Grâce à elle, je ne me laisse pas abattre face à un obstacle – même si j'ai des moments d'abattement. J'ai plutôt tendance à me rebiffer devant une épreuve. Je me le suis parfois reproché. J'en vois, aujourd'hui, tout l'intérêt.

Je ne sais pas si ma vie a été sublime, je pense qu'elle n'est pas un chef-d'œuvre, mais j'ai vécu des moments sublimes, souvent en lien avec la musique, la chanson, l'écriture. Quand on se livre à sa passion, on peut toucher au sublime. Je ne parle pas là forcément de la qualité de ce que j'ai pu écrire, mais de l'émotion que j'ai ressentie en l'écrivant, de l'impression de magie qui se dégage alors et qui nous dépasse. On se sent porté ! Quand je chante, je vis, de la même manière, des moments d'une force incroyable. En studio d'enregistrement, quand on pioche et pioche en soi jusqu'à être vraiment libéré, puis qu'on s'élance sans se brider, c'est l'exaltation. Sur scène aussi, évidemment. Et peu importe la scène : ça peut être aussi bien l'immense Palais des congrès à Paris qu'une petite salle des fêtes dans une ville de province. Par une étrange alchimie, on se sent d'un seul coup très présent. Plus rien ne compte, à part l'ici et le maintenant. Et on se lance, devant le public. L'interprétation d'une chanson se fait alors différente, elle devient unique, on exprime des choses qui vont au-delà des simples paroles, on y met son âme. Les acteurs, les politiciens, les sportifs éprouvent sans doute la même exaltation. Mais elle ne leur est pas réservée : le jardinier, même du dimanche, qui découvre ses premières tomates ou ses premières fleurs, le cuisinier qui réussit de manière magistrale une improvisation, le mathématicien qui résout une équation, le bricoleur qui vient à bout d'un montage compliqué, connaît ces moments où le sublime est à la portée de la main. Ces moments sont à notre portée à tous, mais, pour les vivre, il faut s'être d'abord entièrement investi dans sa tâche. Avec passion. Avec patience.

J'ai la chance de pouvoir vivre de ma passion. Du moins, j'ai eu cette chance. Je ne sais pas, à cet instant, si je pourrai à nouveau chanter un jour. Depuis mes 18 ans, la chanson a été toute ma vie. Ce n'était pas un travail, ou alors je pourrais dire que j'ai eu l'énorme chance de travailler ma passion. Je comprends que ceux qui ont un métier difficile, contraignant, peu gratifiant, aient envie, aient besoin de prendre leur retraite. Mais la retraite ne doit pas signifier le retrait de la vie, au contraire : ceux-là doivent alors vivre pleinement la chance qui leur est donnée de se consacrer à leurs passions, c'est-à-dire à ce qui les pousse à se réveiller le matin. Moi, je n'ai pas envie d'arrêter de chanter. Le cancer aura peut-être raison de ma carrière, il est trop tôt pour le savoir. Même si je parviens à m'offrir un nouveau tour de piste, je suis conscient qu'un jour, je n'aurai plus la même énergie, la même maîtrise de la voix. Je tirerai alors ma révérence. Plein de ce qui aura fait ma vie.

Je n'aime pas regarder en arrière mais, si je le fais ici, c'est pour constater, sincèrement, que je ne regrette rien. J'ai suivi mon chemin, et peu importe si je l'aime ou pas, c'était le mien. Ceci dit, j'admets que j'ai eu une vie beaucoup plus marrante, surprenante et plus exaltante que bien d'autres. Certains petits tracas m'ont sans doute été épargnés. Quand j'étais jeune, à l'âge où d'autres connaissent les difficultés (et les plaisirs) de la vie d'étudiant, je n'avais pas à me demander comment j'allais boucler mes fins de mois, à me préoccuper du réfrigérateur vide et autres soucis du quotidien.

En vérité, ce passé m'handicape parce qu'il y a des tas de choses que je ne sais toujours pas faire, parce que je ne les ai pas apprises au moment où il le fallait : cuisiner, bricoler, me prendre en charge. Et puis, pour certaines choses, je peux être incroyablement timoré. Je n'ai pas osé apprendre le piano parce que, tout jeune, j'écoutais des virtuoses et je savais que je n'atteindrais jamais leur niveau. J'en étais un peu complexé, alors je n'ai pas osé. J'aurais aimé savoir cuisiner, mais je savais que je ne réussirais pas à préparer des plats comme un grand chef, alors, là encore, je n'ai pas osé. Dommage... Elle est longue, la liste de ce que je n'ai pas osé faire et que j'aurais aimé faire.

Me familiariser avec un ordinateur – sans être un programmateur de génie, partir en longue retraite spirituelle sans me vouer à tout jamais à la spiritualité exclusivement... C'est idiot, je le sais. Je passe certainement à côté de choses passionnantes. Je m'en veux. J'aime la vie, mais j'oublie parfois de la croquer à pleines dents.

5

La première cuillerée de glace

Un livre m'avait enchanté à sa sortie, en 1997 – vu l'énorme succès qu'il a remporté, je n'étais pas le seul à être tombé sous le charme : *La Première Gorgée de bière et autres plaisirs minuscules*, de Philippe Delerm.

Ma première gorgée de bière à moi a été une cuillerée de glace. Une glace au café. C'était presque un an après la fin des traitements de mon premier cancer. Les séances de radiothérapie avaient eu raison de ma tumeur, elles avaient aussi eu raison d'une partie de mon arrière-bouche : j'avais totalement perdu le sens du goût. N'ayant pas de goût, j'en ai perdu l'appétit : chaque fois que je tentais un plat, même ceux que j'adorais autrefois, j'étais déçu. Plus que déçu : dégoûté par cette sensation de carton que je mâchais. Boire de l'eau devenait un supplice et, curieusement, durant toute une période, le cidre était le seul aliment, liquide ou solide, que je pouvais ingérer sans répulsion.

Ce n'est pas faute d'avoir essayé, pendant ces longs mois, de renouer avec la gastronomie qui est mon péché mignon. La bonne cuisine est, oserais-je le dire, importante pour mon équilibre. Les émotions gustatives que me procurent certaines tables sont presque de l'ordre de la mystique, et je me souviens encore, comme si c'était hier, du choc que j'avais éprouvé chez Joël Robuchon la première fois que j'ai dîné chez lui : c'était comme si j'avais découvert un Renoir dans mon grenier. Une merveille !

Je ne fréquente pas régulièrement les tables étoilées mais, quand j'y vais, je suis comme un gamin : c'est une fête, un enchantement pour mes yeux, pour mes papilles, pour mon esprit. Je ne suis pas exclusif : je suis également fan de bistrots, les bons bistrots où l'on sert la vraie cuisine familiale, bien goûteuse, et puis des brasseries, autant pour la cuisine que pour l'agitation, l'ambiance bon enfant qui y règne, si gaie, si vivante. En fait, je suis un gourmet plutôt gourmand.

J'en ai fait des tentatives, après mon traitement, pour retrouver ce bonheur simple de ma vie ! Les sushis que je dévorais par douzaine ? Quelle déception de les sentir dans ma bouche aussi insipides que de l'eau ! Comme les huîtres que je gobais jusqu'à plus soif et qui, d'un coup, ressemblaient, dans ma bouche, à un morceau de caoutchouc. Même les tripes à la mode de Caen m'ont laissé insensible, c'est dire où j'en étais ! Au bout de quelques bouchées, difficilement déglutiés, j'avais abandonné mon plat à regret. Pourtant, mes goûts n'avaient pas changé : j'avais les mêmes rêves gastronomiques, salés plutôt que sucrés, mais face à un plat, quel qu'il soit, je n'éprouvais qu'un immense rejet.

Et puis il y a eu cette première cuillerée de glace au café et mes retrouvailles avec le goût. Je ne me souviens ni du lieu, ni du moment, je ne sais même plus avec qui j'étais. Seuls me reste cette sensation de froid qui a soudainement réveillé mes papilles, et puis, tout de suite après, le parfum du café sucré qui a envahi mon palais. Je ne m'y attendais pas, même si, pour la première fois depuis plus d'un an, j'avais enfin eu envie de manger quelque chose. Peut-être cette envie était-elle une prémonition ? Cela me plaît d'y croire. Mais comment raconter cet instant ? Comment décrire l'effet, sur moi, de cette première cuillerée de glace ? Formidable ? Le mot me semble faible pour dire cet éblouissement, et puis ce bonheur qui m'a gagné. J'ai souri, j'étais heureux de ce cadeau que venait de me faire la vie. Objectivement, c'est un événement dérisoire, c'est pourtant l'un de ces instants fugaces que nous gardons tous longtemps en mémoire. Dont le souvenir, des années plus tard, continue de nous réjouir. Depuis cette cuillerée, je suis plus ouvert aux toutes petites choses de la vie. Celles qui nous procurent autant de bonheur que ce que l'on a coutume d'appeler un « événement marquant ».

La vie est faite de petites surprises auxquelles il importe d'être attentif – sinon, elles peuvent nous passer sous le nez sans même qu'on les ait remarquées. Sans l'effet d'électrochoc produit par le froid dans ma bouche, aurais-je été aussi bousculé par les subtilités des parfums de cette glace ? Je ne les aurais pas guettées de la même manière, c'est certain. Et sans doute qu'en les guettant, le plaisir en fut décuplé jusqu'à produire cet instant qui, pour moi, fut réellement magique.

Même quand on a l'impression d'avoir une vie toute tracée, routinière, métro-boulot-dodo, il faut savoir lever le nez, repérer des moments sympatiques – et il y en a toujours –, sortir de ses petits soucis et regarder autour de soi. Au lieu de se concentrer sur notre nombril, réjouissons-nous des petits événements qui sont là, toujours là. Ouvrons les yeux : un café, même à la machine à café, avec quelqu'un que l'on aime bien, une conversation rigolote happée dans un bistrot, un parfum, une couleur, une odeur, une musique qui nous plaît. Ce ne sont pas les grandes surprises qui font notre quotidien, mais ces petites choses qui parlent à nos sens, attisent notre sensualité, nous rapprochent ainsi d'une certaine forme de sacré, indissociable de la joie.

Cherchons la sensualité dans tous les champs où elle peut s'offrir à nous : manger, se balader, se blottir au fond d'un canapé, voilà de petits riens qui rendent la vie bien agréable. Au lieu d'attendre vainement le prince charmant sur son cheval blanc, ne zappons pas le petit rossignol perché sur un arbre. Nous zappons ces toutes petites choses de l'existence et avons tendance à négliger l'impact qu'elles peuvent avoir sur nous, sur notre bien-être mental – et, par ricochet, physique. Elles peuvent nous nourrir. Elles sont tout le temps sous nos yeux, ces petites choses-là... Il suffit de vouloir les voir pour qu'elles apparaissent. Elles peuvent, j'en suis convaincu, suffire à remplir une vie, à rendre heureux.

Les grands maîtres, Jésus, Bouddha, les Grecs anciens, nous ont laissé cette leçon de vie. Les quêtes impossibles sont des pollutions pour notre esprit. Nous voulons une plus grande maison, une plus grande voiture, une plus grande armoire pour contenir tous les vêtements que nous allons acheter et accumuler. En serons-nous plus heureux ? Ou, au contraire, plus malheureux ? Je constate souvent, chez ceux qui n'ont rien, un sourire bien plus radieux que chez ceux qui ont tout ; un gamin dans la brousse, qui joue avec une boîte de sardines rouillée, est souvent bien plus joyeux qu'un patron du CAC 40. Les grands sages ont été beaucoup plus loin, prônant la non-possession, le dénuement comme condition du bonheur. C'est Diogène dans son tonneau, sommet de sagesse qui, voyant un jour un enfant boire à une fontaine dans le creux de sa main, brise son écuelle en s'écriant : « Cet enfant m'apprend que je conserve encore du superflu. » Et à celui qui décrétait devant lui que « vivre est un mal », il avait le luxe de répondre : « Non, c'est mal vivre qui est mal. »

Vivre sans rien posséder est certainement un grand secret de sagesse, une clé essentielle de la liberté – puisqu'on n'a plus peur pour ses biens, on ne s'angoisse plus ni pour leur gestion ni pour leur perte qui constituent, pensons-y, l'essentiel de nos soucis et de nos ennuis. J'avoue pourtant que je me sens incapable de ce dénuement. Un temps, j'en avais même culpabilisé ! Je m'assume aujourd'hui avec mes travers et mes défauts : voilà aussi, à mon avis, l'un des secrets du bonheur...

Quand j'étais jeune, j'avais hâte d'être vieux. Hâte de pouvoir enfin me consacrer à l'essentiel, à la philosophie, à être heureux. La vieillesse me paraissait être un idéal. Au fur et à mesure que j'en approche, elle me plaît un petit peu moins. Je commence à la voir un peu moins rose, je ne peux plus monter un escalier quatre à quatre, j'ai un petit peu moins d'énergie, je suis moins frais, au matin, quand je me suis couché trop tard. Je ne me sens pas vieux, mais je ne suis plus dans le même état psychique, dans l'esprit de la conquête. De la jeunesse. Bref, j'en suis moins réjoui que je l'escomptais, mais je n'en suis pas pour autant plongé dans la tristesse ! Au contraire, de cet âge qui approche, je commence à percevoir les mille et une petites satisfactions qu'il pourra m'apporter. Mes cuillerées de glace.

Le basculement s'est fait progressivement, je n'ai rien vu venir. Un beau matin, je ne me suis plus vu me lancer dans de nouvelles aventures tempétueuses. Après tous les excès de ma jeunesse, ma vie est devenue plus cosy, sans doute parce que je me contente de moins, à tous points de vue, et en réalité, ça me plaît. J'ai gagné en sérénité – ou plutôt, j'ai enfin appris à maîtriser mes angoisses permanentes. A tel point que je donne l'impression, à ceux qui m'ont connu il y a quelques années, d'être un peu indifférent. Ce qui n'est pas le cas. Au fond, j'ai appris une chose essentielle : je m'appuie sur mes points faibles pour continuer à avancer. Par exemple, je ne me bats plus contre l'angoisse qui est inhérente à mon être, à ce que je suis : on peut difficilement se battre contre elle et, dans cette lutte, elle finit toujours par triompher. C'est comme taper dans l'eau : elle devient de plus en plus trouble, on n'arrive plus à voir le fond. Alors, j'ai appris à regarder les choses de plus haut, y compris mon angoisse. Et je les ai découvertes souvent amusantes, là où elles me faisaient bondir et frémir ! C'est la solution la plus efficace que j'ai trouvée. Je l'ai partagée avec quelques personnes aussi angoissées que moi, plus jeunes aussi. Après m'avoir ri au nez, elles ont fini par me remercier. Au début, ce n'est pas facile, mais il ne faut pas abandonner. Au bout de quelques essais (et erreurs), regarder de haut devient une seconde nature.

Une fois dissipée l'angoisse qui consiste à anticiper l'avenir de la manière la plus noire possible, on peut enfin profiter de l'instant présent. Je me suis trop longtemps inquiété avant l'heure, alors qu'il n'y avait vraiment pas de quoi s'inquiéter. Que de moments, qui auraient certainement été agréables, ai-je gâché en imaginant un pire qui, le plus souvent, n'advenait pas. Peu à peu, j'ai appris à ne pas me préoccuper de ce qui ne dépend pas de moi. J'avais lu autrefois cette phrase dans les Evangiles, que j'ai mis du temps à appliquer à mon existence : « Qui de vous, par ses inquiétudes, peut ajouter une coudée à la durée de sa vie ? » demande Jésus à ses disciples qui se préoccupent de savoir ce qu'ils vont manger, ce qu'ils vont boire, comment ils vont s'habiller. Et il poursuit avec cette injonction géniale, une vérité absolue qui fait d'ailleurs partie des proverbes populaires, ceux qui ont été dictés par le bon sens de nos aïeux : « Ne vous inquiétez donc pas du lendemain ; car le lendemain aura soin de lui-même. A chaque jour suffit sa peine » (Mt 6, 27 et 6, 34).

J'essaye donc de cesser de m'en faire. Et j'y parviens de mieux en mieux. Je ne sais pas si c'est cela que l'on appelle la sagesse ? C'est en tout cas l'un de ses grands secrets, le *carpe diem* des Grecs anciens qu'Horace exprimait en ces mots, au Ier siècle avant notre ère : « Cueille le jour présent, en te fiant le moins possible au lendemain. » Quelques années plus tard, Sénèque, dans ses *Lettres à Lucilius*, apportait une dimension supplémentaire : « Il faut retrancher deux choses, écrivait-il, la crainte de l'avenir et le souvenir des maux anciens. Ceux-ci ne me concernent plus, et l'avenir ne me concerne pas encore. »

C'est avec cette pensée que je traverse ma maladie. Je n'ai jamais été, je l'ai dit, nostalgique du passé. Je ne regrette pas ce qui était.

J'apprends à ne plus me projeter en permanence dans demain et de profiter au mieux des jours qui me sont donnés. Je mets à l'écart ce sur quoi je ne peux pas agir, et j'agis sur ce qui peut l'être. Parfois on ne peut agir sur rien : laissons alors passer le temps, il agira, lui. Je n'ai pas pu agir sur mon cancer, j'ai laissé les médecins me soigner le corps, mais j'ai essayé de revenir à la vie en reprenant goût aux choses au fur et à mesure. En réapprenant les petits plaisirs. Vivre le présent ne signifie pas se laisser aller. Le ressort du volontarisme reste essentiel dans le déroulement d'une vie. Mais il faut savoir placer sa volonté et l'utiliser à bon escient. Malgré ma récidive, bien que je sois à nouveau à l'hôpital à revivre le cycle des traitements qui ne sont pas toujours très drôles, je garde la volonté de rebondir. Après, il y a la possibilité que ma route s'arrête. Mais c'est une autre histoire.

J'ai envie de vivre. Et surtout, je n'ai pas envie de mourir. Tant que j'étais en bonne santé, j'étais persuadé que je n'avais pas peur de la mort. En réalité, j'ai peur.

6

Oser l'amour

Je suis un grand sentimental – au point que cela en devient parfois une faiblesse chez moi. On me prend très, trop facilement par les sentiments ! En fait, je suis d'abord très émotif. Je l'étais déjà enfant et je le reste affreusement. Emotif jusqu'à parfois pleurer devant un film, au cinéma ou à la télévision – *Sur la route de Madison*, de Clint Eastwood, m'avait noyé de larmes. La grâce d'une musique m'emporte aussi : Stevie Wonder me fait quasi systématiquement pleurer. Quand je suis seul, je me laisse aller : ça fait tellement de bien ! En public, je suis toujours un peu gêné. Que de fois, au cinéma, quand les lumières se sont rallumées, je me suis baissé, faisant semblant de chercher quelque chose par terre. Et ça dure, et ça dure !

Je me doute que je ne donne pas le change, mais les larmes pour un mélo ne sont pas toujours glorieuses.

Je ne pleure jamais de tristesse, mais je pleure de joie, quand un petit quelque chose, souvent un rien, me plonge dans un état d'exaltation pas tout à fait normal, je l'avoue. C'est comme un trop-plein d'amour qui inonde brusquement mon cœur et a besoin de s'évacuer, et ce ne sont pas quelques larmes qui picotent les yeux : il m'arrive de pleurer comme une madeleine ! L'environnement aseptisé de l'hôpital a toutefois eu raison de cette propension : ici, je n'ai pas réussi à ressentir d'émotions assez fortes pour en être littéralement chaviré – au sens propre du terme. Ou alors, peut-être que je suis trop préoccupé, sans me l'avouer, par ce qui m'a amené dans cet hôpital.

Ce trop-plein d'amour, je le vis aussi quand je parcours un poème. J'aime la poésie et j'en lis volontiers. D'ailleurs, j'ai toujours un recueil à portée de main, et je rêve de réussir un jour à écrire un « vrai » poème. Certes, j'ai écrit ou coécrit la plupart des textes de mes chansons, mais je ne les appelle pas des poèmes. Ceux-là portent leur mélodie en soi, ils ont une singularité toute particulière, ils n'ont pas besoin d'être chantés pour ouvrir l'esprit à l'imaginaire : ils sont chanson. Rares sont les «textes de chansons» que je qualifierais de poèmes. Et rares sont les poèmes qui ont réussi à être chantés – rares aussi les chanteurs qui ont réussi à chanter des poèmes. Jean-Louis Murat m'avait transporté avec son interprétation des *Fleurs du mal* de Baudelaire. Françoise Hardy est parvenue à sublimer, de manière merveilleuse, un texte de Victor Hugo, avec sa chanson «Si vous n'avez rien à me dire», tirée des *Contemplations*. J'ai moi-même été tenté par l'exercice. Je reste dans l'espoir de trouver une poésie que je pourrais chanter, mais je ne suis jamais tombé sur l'évidence : un poème qui aurait été écrit pour moi, pour ma voix. C'est l'un de mes rares regrets.

Dans ma vie, j'ai reçu beaucoup d'amour, à commencer par celui du public qui est venu me voir, m'écouter, m'applaudir, et avec qui j'ai tissé des liens dont je ne pouvais même pas soupçonner la réalité et l'intensité quand j'ai débuté ma «carrière». J'avais, d'emblée, besoin de cet amour pour avancer : quand on est un personnage public, chanteur ou acteur, ou même polititien, c'est aussi parce qu'on a un besoin terrible d'être aimé, qu'on n'en a jamais assez. Cet amour, cette énorme dose d'amour, je la ressens physiquement, elle me fait vibrer, elle me galvanise. Elle a, pour moi, une valeur spirituelle. J'en ai besoin aujourd'hui, plus que jamais, à l'heure où je suis affaibli et où, il m'est dur de me l'avouer, je ne sais pas si je pourrai recommencer à chanter. Je n'en suis pas encore rassasié.

J'aurais pu m'enfermer dans une tour d'ivoire, devenir antipathique, méprisant. C'était facile ! J'aurais joué à la star, mais je serais passé à côté du plaisir que me procure cette bienveillance, cette sympathie spontanée que je rends de manière tout aussi spontanée. Et le public le sent. C'est bien, cette relation ! C'est bien d'entretenir un lien de sympathie avec les autres, même un petit truc de rien du tout, le sourire du marchand de journaux, le mot gentil de la boulangère, la lettre émouvante envoyée par un inconnu qui me raconte comment l'une de mes chansons a bouleversé sa vie. C'est bon à prendre, ce petit sourire ! Ce courant de sympathie qui s'installe spontanément, une relation très simple, très directe et très respectueuse.

C'est l'un de ces petits (ou grands) rayons de soleil, de ces minuscules choses qui contribuent à rendre une journée agréable. Aimable.

Evidemment, je m'en doute, c'est le chanteur que le public aime, mais c'est déjà moi – même si ce n'est pas complètement moi. C'est une part de moi qui lui a apporté la joie. De toute manière, je me dissocie difficilement du chanteur Michel Delpech. Je prends ses succès, je prends l'amour qu'il suscite à mon compte, même si je sais que, dans le regard des autres, c'est le seul chanteur qui apparaît. En oubliant parfois la personne qui est derrière. Mais c'est la règle du jeu!

Je suis un sentimental, pourtant j'ai la terrible impression que dans ma vie, je n'ai pas tellement donné : aux femmes que j'ai aimées, à mes enfants, à mes amis, aux autres. Je ne parle pas ici de dons matériels, mais d'une chose bien plus importante que cela : le don de soi. L'amour. Pourtant, quand je donne, je suis immensément heureux, et je ne regrette absolument rien de ce que j'ai pu donner. J'en suis sincèrement bien plus heureux que lorsque je reçois. Alors, pourquoi ce frein?

J'ai naturellement tendance à être comme une huître, un peu renfermé, donnant l'impression de manquer d'entrain pour aller vers les autres, voire de m'en désintéresser. L'amour occupe pourtant une place très importante dans ma vie... et il occupe une place importante dans chacune de nos vies ! Nous sommes logés à la même enseigne : si on laisse la sécheresse envahir notre cœur, par arrogance, par timidité ou pour n'importe quelle autre raison, si on se blinde, on passe à côté d'une donnée primordiale dans l'existence. On peut rendre les autres malheureux, mais c'est surtout soi-même que l'on atrophie d'une part essentielle dans la construction du bonheur. Certains ont peur de se donner, peur de souffrir. Ils ont tort : l'amour n'est pas douloureux ; c'est, au contraire, l'absence d'amour qui est douleur.

Bien que de tendance « huître », j'aime les gens. Rares sont les personnes suffisamment mauvaises pour déclencher mon antipathie mais, dans ces cas, mon rejet est total. C'est très rare... et je suis le premier à en souffrir ! Cette anomalie me dérange. En général, tôt ou tard, j'essaye de rétablir le lien avec cette personne. Nous ne devenons pas meilleurs amis pour autant, je ne me force pas à aimer, mais je tente, dans la mesure du possible, de dépasser le sentiment de rejet, parce que celui-ci me mine bien plus qu'il ne touche l'autre. Je ressasse, rumine, et ce négatif me chagrine. D'une certaine manière, on peut dire que, pour moi, la réconciliation est une démarche égoïste !

Nous sommes tous aimés, mais nous n'ouvrons pas tous les yeux pour le voir. C'était mon cas, jusqu'à ce que je tombe malade. Bien sûr, je me doutais que mes proches avaient de l'affection pour moi, ma famille, mes amis, les musiciens qui, pour certains, m'accompagnent depuis trente ans. Cet amour, ils l'avaient sans doute en eux depuis toujours, mais je l'ai pris de plein fouet quand j'ai été hospitalisé la première fois. Je ne l'avais jamais ressenti avec cette intensité. Je ne doutais pas que je resterais en vie, ils ont eu peur que je m'en aille. Ils se sont rapprochés de moi, ils m'ont dit des choses qu'on ne peut dire que dans ces moments-là – ce qui est d'ailleurs fort dommage. Leurs paroles se sont chargées d'une force inhabituelle, j'en ai été extrêmement ému, je me suis ouvert à mon tour. Totalement. Je n'avais pas attendu ces paroles pour savoir que ma femme, que mes enfants, que mes amis m'aimaient. Mais je me suis d'un coup senti rempli d'une mission :

guérir. J'avais le devoir de guérir pour eux. Je ne pouvais pas leur jouer ce coup, il ne faisait pas partie du show. C'est ainsi, j'en suis convaincu, que l'amour m'a aidé à me remettre sur pieds.

Il existe toutes sortes d'amours, de la simple bienveillance à la passion la plus folle. J'ai connu beaucoup de femmes pour des aventures d'un soir. Mais celles que j'ai aimées se comptent sur les doigts d'une main. J'ai quitté pas mal de choses pour certaines d'entre elles, mais il en est une qui a tout quitté pour moi : Geneviève, celle qui est devenue ma femme.

L'amour total, celui que nous devons tous connaître sous peine de nous atrophier, c'est quand on s'efface pour l'autre. C'est quand on vit pour lui. Je le fais par instants, mais j'avoue que je suis peut-être un peu trop égoïste pour m'y tenir en permanence. Je ne m'oublie pas assez pour vivre le véritable amour auquel j'aspire, auquel tout le monde aspire. Cet amour-là est d'une qualité qui ne se trouve pas à tous les coins de rue. Cet amour-là est plus que des sentiments : il devient une manière de regarder le monde et de regarder les autres, un art de vivre, une philosophie. Pour aimer ainsi, il ne faut pas s'endormir : cet amour est une question de volonté. Tout amour est question de volonté : apprendre à aimer est aussi une affaire d'entraînement, une sorte de gymnastique. Il faut vouloir qu'il en soit ainsi, prendre une direction intérieure, avoir à l'esprit le bien de l'autre. En tout cas le plus possible, sans penser tout le temps à soi. Et l'on s'aperçoit très vite que cette gymnastique-là est gratifiante, alors on a envie de continuer, d'aller plus loin, comme un bodybuilder qui travaillerait ses muscles mais avec la souffrance de l'entraînement du bodybuilder en moins ! Car cette gymnastique de l'amour est, elle, la voie vers le bonheur : on est, en effet, plus heureux de l'amour qu'on donne que de celui qu'on reçoit. C'est en tout cas valable pour moi. J'ose penser que cela l'est pour tout le monde. L'amour, le vrai, me rend heureux. Est-ce une définition extrême que je donne là de l'amour ? Peut-être, mais j'ai tendance à aller vers les excès. C'est du moins l'idéal vers lequel je tends – l'idéal est fait pour qu'on tende vers lui, mais il est, par définition, inatteignable.

Quand on donne cet amour-là, le plein amour, il est difficile de ne pas être payé en retour. Cela m'est pourtant déjà arrivé, et j'en ai souffert.

C'était même atroce. Mais c'était nécessaire : il manque quelque chose aux personnes qui n'ont pas connu de déboires sentimentaux. La chanson de Dinah Washington, « You don't know what love is », le dit à merveille : « Vous ne savez pas ce qu'est l'amour jusqu'à ce que vous ayez appris le sens du blues, jusqu'à ce que vous ayez aimé une personne que vous devez perdre. » Je connais quelques personnes qui n'ont jamais eu de déboires amoureux. Elles n'ont jamais été larguées, n'ont jamais connu de déceptions, de trahisons, elles n'ont pas vécu les affres qui font, aussi, la vie sentimentale. Un psychanalyste conclurait que leur surmoi est tellement développé qu'il empêche leur personne de s'exprimer, avec ses rêves, ses envies, ses désirs. Je ne suis pas psychanalyste, mais je constate qu'il leur manque une clé pour comprendre complètement les autres. Pour s'ouvrir complètement aux autres. En somme, pour être heureuses.

Dans ma vie, j'ai eu la chance de croiser le chemin de Dieu. J'ai eu la chance de l'aimer. Je me suis interrogé sur la nature de cet amour. Est-il différent de celui que je porte à ma femme, à mes enfants, à mes proches ? Avec le temps,

Jésus est devenu pour moi un frère, un confident. Mais Dieu ? Dans les prières, dans les psaumes, il nous est demandé de L'aimer passionnément, absolument. Le Christ nous dit que celui qui n'est pas capable de quitter sa femme, son mari, ses enfants pour Lui, n'est pas digne de Lui. En suis-je digne ? En tout cas, je ne l'ai pas encore prouvé : je ne me sens pas de taille à tout quitter pour une vie monastique ou, mieux encore, pour une vie d'ermite qui se consacrerait au seul amour de Dieu. Mon confort matériel est pour moi plus important que je voudrais me l'avouer. Mon métier, même si je n'aime pas le dire et penser ainsi, est dans le paraître. Si je ne m'attachais pas au paraître, malgré toutes mes tentatives de passer outre pour m'attacher au seul être, je ne pourrais pas être chanteur. J'ai la tentation de la vie d'ermite, j'admire ceux qui sont capables de cette sauvagerie, mais ce n'est pas mon cas. J'aime trop le confort même si, philosophiquement et spirituellement, je le sais bien en théorie, il n'a aucune valeur.

Je Lui donne ce qui est dans ma mesure de Lui donner. Ce n'est sans doute pas assez. Je L'aime très profondément, mais ce n'est pas encore tout à fait la passion. Me reste-t-il un long chemin à parcourir pour devenir ce que j'aspire à être, c'est-à-dire vraiment aimant ?

Depuis mes hospitalisations et mes traitements, je ne peux pas travailler. Par la force des choses, je suis dans l'introspection. Et dans des moments pareils, on a surtout besoin d'être aimé...

7

Mon chemin

Je n'aime pas regarder en arrière, et j'espère que l'heure n'est pas encore, pour moi, au bilan.

Comme tout le monde, j'ai eu beaucoup de joies dans ma vie, et j'ai eu aussi beaucoup d'emmerdes. Mon axe central, autour duquel j'ai mené mon chemin, a été la chanson. Je suis un personnage public et je l'assume, sachant que, de ce fait, mes bonheurs et mes problèmes sont susceptibles d'être étalés sur la grande place. Je ne m'en réjouis pas, je ne m'en désole pas : il en est ainsi depuis mes 19 ans. C'est-à-dire depuis longtemps. Mes rapports avec la presse n'ont jamais été bien compliqués. Il y a eu parfois des inexactitudes dites à mon sujet mais c'est, à mon avis, inhérent aux médias qui, dans leur course de vitesse, captent une info et la relaient sans toujours la vérifier. Il n'y avait pas, la plupart du temps, volonté de me faire du mal. J'ai eu, dans ces mêmes médias, beaucoup d'articles positifs, des critiques élogieuses de mes albums, et elles m'ont beaucoup touché. A l'inverse, il est arrivé que d'autres articles me chiffonnent, me fassent parfois mal sur le moment, mais ils ne sont pas restés profondément gravés dans ma mémoire. Je me suis plus longtemps souvenu des bonnes critiques, puis elles aussi sont passées. Moins vite que les mauvaises, mais passées quand même. Je les ai oubliées. Peut-être y a-t-il une bonne nature en moi ?

Il ne s'agit pas d'indifférence pour ce qui s'est dit sur moi, ni de manque d'intérêt. Cependant, ma motivation principale n'est pas ce que les autres pensent de moi, et je ne crois pas avoir pris une seule décision dans ma vie qui ait été dictée par la manière dont elle sera perçue, analysée, décortiquée. Certes, j'étais plus conformiste dans ma jeunesse, mais au fil des ans, j'ai appris à me détacher de cet assourdissant brouhaha. C'est fou ce que ça m'a allégé ! Est-ce l'un des privilèges de l'âge ? Ma relation au Ciel passe depuis longtemps bien avant mes relations terrestres : il faut d'abord que je donne ma bonne réponse Là-Haut.

Pour autant, je ne me désengage pas des choses de ce monde. Dans ma carrière, aussi loin que je m'en souvienne, j'ai été un perfectionniste. Un maniaque du détail. Ce n'était pas pour les autres, c'était pour moi. Pour ma fierté. Je suis loin d'être le seul perfectionniste dans mon métier, j'en connais certains qui poussent l'exigence bien plus loin que moi – qui ne suis pourtant pas un béotien en la matière ! J'écoutais récemment une chanson de Laurent Voulzy ; derrière chaque note, derrière chaque rime, derrière chaque inflexion de voix, j'ai reconnu cette minutie qui peut être aussi la mienne. A la fin, tout semble simple. Mais que de travail pour parvenir à cette simplicité ! Je ne suis pas un pro de la technique, il m'est souvent arrivé de demander l'impossible à mes techniciens, mes musiciens, de rendre nerveux certains ingénieurs du son. Après coup, aucun ne m'en a voulu de poser la barre aussi haut ! La recherche de la perfection est chez moi une passion, donc un plaisir, mais cette barre, je la pose tout de même là où je pense pouvoir l'atteindre, pas plus haut. Enfin, je ne le crois pas... puisque je finis en général par toucher au but.

J'ai de bonnes relations avec les musiciens qui m'accompagnent : nous sommes proches. Je suis presque en osmose avec quelques-uns d'entre eux : le batteur américain Kirt Rust qui me suit depuis quarante ans – j'ai été le premier chanteur français pour qui il a joué ; le pianiste Gérard Bikialo, trente ans de complicité et quelques duos sur scène, pour ces concerts plus intimistes que j'apprécie, sans grand orchestre. On se voit peu au quotidien, mais on est très heureux d'être ensemble en tournée. Plus que la complicité, la confiance s'est installée et c'est formidable : on vole dans le même air, on partage les mêmes angoisses, et certains soirs, quand l'interprétation d'une chanson est réussie comme elle ne l'a jamais été auparavant, nous communions dans la même ferveur.

En cinquante ans de carrière, j'ai enregistré beaucoup moins de titres que beaucoup de chanteurs de ma génération. Je n'en ai pas tenu le décompte exact, mais je dois avoir à peu près deux cents chansons à mon répertoire. J'ai eu l'occasion de toutes les réécouter il y a quelques années, quand Universal a sorti un coffret compilant les cent meilleures qu'il a donc fallu trier.

C'est, je crois, la seule fois de mon existence où j'ai volontairement écouté l'un de mes disques ! Il m'arrive, au gré d'une émission, de réentendre l'une ou l'autre de mes chansons : elles font partie de moi, elles sont mon bagage, je suis content de les entendre, mais cela ne me procure pas un plaisir fou, je n'explose pas de fierté, je ne saute pas de joie, je n'ai pas de nostalgie non plus. Je ressens une petite satisfaction, celle que l'on a face à une tâche bien accomplie, sans plus.

Parmi elles, une trentaine ont été de grands succès et sont bien connues du public. Mais quand on me parle de ces succès, je pense à toutes celles qui n'ont pas survécu. Je n'en suis donc pas très impressionné : je connais mes échecs, mes ratages, et je relativise donc les succès. Je ne veux pas me glorifier d'un parcours qui a été chaotique ! Cela dit, je ne regrette aucune de mes chansons. J'ai écrit ou coécrit la plupart de leurs textes et, dans chacun, j'ai forcément mis une petite part de moi. On se raconte toujours, au moins un peu, quand on écrit une fiction ! Je suis surtout touché par le plaisir que j'ai donné aux autres, à ceux qui m'ont écouté, parfois en boucle, ceux que j'ai accompagnés sans les connaître dans les moments plus ou moins importants de leur vie. Je suis touché quand je les vois, eux, se souvenir de ces chansons et m'en remercier. Mais je n'ai pas l'ego qui explose pour autant. Sérieusement. Je ne passe pas mes journées à me gargariser avec les succès de Michel Delpech, je ne me vois pas avec une stature d'icône. Je laisse les autres la définir pour moi.

En filigrane, j'ai donc chanté ma vie. Ou des bribes de ma vie. Ainsi, « Le Loir-et-Cher », ce n'était pas eux, ce n'était pas moi, mais ce n'était pas loin. Ma mère était très parisienne, j'ai grandi à Courbevoie, ma ville natale, dans la banlieue de Paris, mais la famille de mon père a ses racines dans un petit village près de Chambord, dans le Loir-et-Cher justement. Enfant, il nous y emmenait souvent voir les tantes, les oncles, les cousins plus ou moins proches, plus ou moins éloignés, qui n'ont pour certains pas quitté le village. Quand on arrivait, mon père jubilait, il rayonnait ! Ils n'étaient pas agriculteurs, ils n'habitaient pas dans une forêt, mais j'étais un peu cette espèce de parvenu qui va rendre visite à sa famille. Pour cette histoire éternelle de rat des villes et de rat des champs, j'avais choisi pour musique une bourrée rock'n roll très française.

C'était en 1977, sans doute que les prémices de notre étouffement par l'urbanisation étaient là, mais ma chanson a parlé à ceux qui l'écoutaient, et beaucoup s'y sont reconnus. A cette époque, les plus téméraires quittaient la ville pour s'installer à la campagne qui était devenue une sorte d'idéal : la boue, les hiboux, la pêche étaient un fantasme pour ceux qui n'avaient jamais vu autre chose que le bitume. Le mouvement s'est généralisé aujourd'hui, Internet et la commodité des transports l'ont banalisé. Mais il fut un temps où un tel déménagement était une épopée ! On partait se mettre au vert dans des conditions souvent rudimentaires et, hormis le téléphone, on coupait le fil avec la ville.

J'ai moi-même été tenté à plusieurs reprises par ce que l'on appelle le « retour à la nature » – une expression qui m'amuse dans la mesure où le vrai retour, pour le Parisien de naissance que je suis, se ferait plutôt en direction de la ville. Pendant des années, je suis passé chaque été par Serre Chevalier où j'avais de bons amis.

Je me ressourçais à la montagne quasi désertée à cette période de l'année, il y avait là quelque chose de très sain, d'assez planant. J'avais ainsi ma dose de contact avec la nature brute, un contact que je considère indispensable à la bonne santé mentale. A la mienne, en tout cas.

Mon dernier fantasme de campagne est assez récent : c'était juste avant que mon cancer soit diagnostiqué. J'ai eu une fois de plus une folle envie de quitter la ville et la grisaille, et la perspective de m'installer à Barbizon, près de Fontainebleau, ni trop loin ni trop près de mes racines parisiennes, m'enthousiasmait : j'y avais quelques amis mais surtout l'envie de concerts d'abeilles et de fleurs des champs. Je suis parti sur un coup de tête, sans prendre l'exacte mesure de cet éloignement sur mes activités. J'ai toujours agi par instinct, sans esprit rationnel, et cela m'a souvent amené, dans ma vie, à commettre des bêtises dont certaines ont eu quelques conséquences. J'ai même parfois pris des coups pour rien, mais le pire est que je recommençais la même bêtise. Exactement comme les enfants qui ont du mal à comprendre et s'arc-boutent dans leur entêtement. Au bout d'un an, mes envies de boue et de hiboux ont été largement érodées par des trajets quasi quotidiens vers la capitale, deux ou trois heures en voiture aller-retour : j'y avais toujours quelque chose à faire, et au bout de quelques mois, je regrettais de ne pas pouvoir le faire à l'improviste. J'aime être disponible à tout instant, pouvoir changer d'avis, ne pas avoir de contraintes. Et puis, je suis saltimbanque depuis toujours, j'ai eu une vie itinérante, et je l'aime bien, cette vie. La trop grande quiétude ne me sied pas, je suis donc revenu à mon point de départ, dans la banlieue parisienne. La décision de partir ne s'improvise pas. Un projet doit mûrir pour avoir des chances de réussir.

J'ai profondément besoin de la campagne Mais toutes mes tentatives pour m'y installer, avant celle-ci, se sont soldées par des échecs, et il a fallu que je revienne en ville : je n'avais pas le rythme qu'il fallait, un rythme plus lent, moins fébrile, un autre tempo que je continue tout de même à idéaliser. De ce fait, j'ai beaucoup déménagé, une dizaine de fois au moins, chaque fois avec grand enthousiasme, et chaque fois opérant ces allers-retours entre Paris et la campagne. Je ne suis pas blasé de cette vie nomade : je suis toujours partant, et je me promets toujours que cette maison sera la dernière, ou que cet appartement sera pour la vie. Invariablement, je transporte tous mes meubles, plantes vertes comprises : de la sorte, je ne me sens pas dépaysé, je suis tout de suite « chez moi », avec mes repères, mes habitudes. Comme si j'étais là depuis toujours. Tous mes intérieurs finissent d'ailleurs par se rassembler, je ne me suis jamais installé dans des cartons, ni comme au camping ! Et je n'ai jamais l'idée que je vais repartir : au contraire, chaque fois je me dis : là, c'est la bonne. Puis je repars, sans me retourner. Sans aucun regret. Avec une indifférence alimentée par l'enthousiasme de la nouvelle installation.

Un seul lieu m'a marqué, le seul que j'appelle « ma » maison : une maison isolée à Villennes-sur-Seine, dans les Yvelines, où est né mon dernier fils. J'y ai été affectivement attaché, mais je m'en suis rendu compte bien plus tard, alors que je l'avais vendue depuis longtemps.

Depuis bien des années, je ne suis plus retourné dans le village de mon père. J'ai quitté très jeune le giron familial pour monter sur scène. Puis, quand j'ai eu ma famille, ma femme, nos enfants, nous avons eu notre propre point de chute, un petit village dans les hauteurs de

Toulon où nous allions chaque été. Mes enfants adoraient. Rien que de très normal, d'ailleurs. Comme toutes les autres familles.

Au fond, même si je ne pourrais pas vivre en permanence en ville, j'aime la ville, j'aime Paris. Je ne suis pas un Parisien invétéré, de ceux pour qui s'éloigner d'une dizaine de kilomètres représente une aventure, mais j'aime flâner dans ses rues, sur les quais, autour des ponts, au marché aux fleurs, regarder les gens, les arbres, les rues, les façades. Je ne suis pas un grand marcheur, mais je me balade au gré de mes envies. L'été, quand je ne suis pas en tournée, je suis à une terrasse de café où je paresse, je rêve, je griffonne un début de texte, pour moi ou pour d'autres chanteurs.

Ici, sur ce lit, en écrivant ces pages, je me dis qu'après tout j'ai une bonne nature. Je n'ai pas de passions dévorantes, hormis la chanson. Je prends vraiment du plaisir à chanter. Jouer la comédie ne me déplaît pas non plus. J'aime aussi les bons repas, le cinéma, aller au spectacle. J'aime rester chez moi mais aussi sortir faire des rencontres. J'aime les petites choses du monde : marcher en forêt, contempler l'océan, écouter toutes sortes de musique, du jazz, du classique, des chants grégoriens, de la variété, de la pop, de l'électro. J'aime aujourd'hui, je suis curieux de demain. J'aime le silence et le mouvement. J'aime prier et faire de temps en temps un peu la fête.

Mon chemin, c'est aussi la spiritualité dans laquelle j'ai osé m'engager il y a plus de quarante ans. Ce fut, jusqu'à récemment, mon jardin secret[1]. Après quelques tâtonnements, quelques tentatives, en particulier dans les spiritualités orientales, je suis vite retourné à mes racines, le christianisme. J'ai apprivoisé Jésus, il a fini par avoir envie de me rencontrer.

Le chemin spirituel est un chemin intérieur que nous empruntons tous, avec plus ou moins d'acuité, de conscience. C'est le chemin tout court, celui de tout le monde, pour tout le monde. Il n'est pas possible d'y échapper pour la bonne raison que nous avons tous une spiritualité – y compris les athées parmi lesquels je compte un bon nombre d'amis. La spiritualité n'est pas la religion. Elle est le travail de l'esprit. Nous ne sommes pas uniquement un corps,

---

1. Michel Delpech a raconté sa foi dans *J'ai osé Dieu*, un témoignage publié en 2013 aux Presses de la Renaissance et en format poche, aux éditions Points-Seuil, en janvier 2015.

c'est-à-dire une machine, nous sommes aussi ce qui anime ce corps. Et c'est cela, l'esprit. Et c'est pourquoi tout fait partie de ce chemin, n'importe quel détail de notre vie. C'est une route, avec ses aspects positifs et ses aspects négatifs, ses bonheurs et ses écueils. Nous la traçons en cheminant. Saint Augustin le dit merveilleusement, et sa réflexion s'adresse aux croyants comme aux non-croyants : « Avance sur ta route, car elle n'existe que par tes pas. »

Mon chemin à moi s'est accompli dans la religion, c'est un choix qui s'est imposé à moi. Je ne me suis pas posé de questions : ce fut une évidence. J'ai fréquenté Dieu, dans les églises, dans des monastères, dans ma chambre à coucher, et même dans un studio d'enregistrement. Quand on m'a annoncé mon cancer à la langue, la pire épreuve quand on est chanteur et qu'on vit par et pour sa voix, j'ai été choqué. Mais je n'ai pas interpellé Dieu : je préfère ne pas être dans l'affrontement avec notre Créateur. Curieusement, je ne me suis jamais dit que c'était injuste. J'ai pensé que c'était dur, que c'était une épreuve terrible, mais en aucun cas que c'était injuste. Ce cancer a sûrement une logique ; laquelle, je ne sais pas. Peut-être parce que j'ai fumé, beaucoup.

Pourquoi la langue, la gorge ? C'est un peu troublant, en effet. En même temps, il doit y avoir une signification que je ne sais pas percevoir. Ma mère a eu un cancer, mon père en est mort, il n'est donc pas incroyable que j'aie à mon tour un cancer. Mais pourquoi là ? En même temps, cette maladie est une épreuve comme une autre, assez banale au demeurant, que beaucoup traversent aussi.

Ce cancer-là, à la gorge, n'est pas un cadeau quand on est chanteur, c'est certain. Je ne me suis pas révolté pour autant. Je ne me suis pas demandé si on voulait mon malheur en Haut lieu, ni si Dieu m'avait abandonné ou, pire, oublié. Je n'ai pas cherché à comprendre, sinon j'aurais commencé à Lui en vouloir. Et je préfère ne pas me mettre dans cette situation-là ! Je sais que ce ne serait pas bon pour ma santé mentale. Je n'en suis pas pour autant un saint homme, loin de là. Je dirais que c'est sans doute par lâcheté que je préfère ne pas me mettre le bon Dieu à dos : Il n'est pas n'importe qui, et je n'en tirerais aucune gloire.

Mon chemin passe donc par un cancer, puis un re-cancer qui touchent à mes fondamentaux : ma voix. J'ai beau retourner l'affaire dans tous les sens, force est de reconnaître que cette épreuve ne m'a pas fait avancer d'un iota dans mon cheminement spirituel. Bien au contraire, elle m'a fait régresser pendant un certain temps, à tous points de vue. Je ne sais pas prier sur un lit d'hôpital. Je ne sais pas réfléchir. Je ne sais pas me poser, me plonger dans ces choses qui, en temps normal, me passionnent. Je ne me trouve pas la force d'ouvrir un livre de théologie. Parce que, quand on est malade, on est infantilisé. Par tout le monde. Les proches qui déploient des tonnes d'amour, dont je leur suis d'ailleurs infiniment reconnaissant et qui m'ont aidé à m'en sortir. Le personnel infirmier, des hommes et des femmes souriants, gentils, dévoués, qui me dorlotent et que je laisse volontiers me dorloter. Quand ils viennent me prendre ma température ou ma tension, je suis dans du coton !

Depuis que mon chemin m'a ramené dans cet hôpital, je suis, cette fois, prêt à me battre. A y aller. Je n'ai pas encore envie d'abdiquer. A vrai dire, je m'attendais à cette récidive. Mais il m'arrive de me dire que j'ai eu ma dose. Que j'aimerais bien que ça s'arrête un peu, que mon chemin se poursuive ailleurs. Le temps me paraît long...

8

Savoir faire confiance

Pour la première fois de ma vie, je n'envisage pas une solution totale à une épreuve que j'affronte. Je sais aujourd'hui que je risque fort de ne plus pouvoir chanter. Je peux vaincre la maladie elle-même, c'est à la portée de ma main. Par contre, effacer ses effets secondaires sera difficile. Et tourner la page de la chanson aussi.

J'ai parcouru un long chemin dans la chanson. S'il doit s'arrêter là, ce ne sera pas dramatique. Il faudra que j'invente une activité compensatoire, que je m'intéresse à une nouvelle existence. C'est plus aisé quand on est jeune, qu'on a l'avenir devant soi, que l'on peut envisager une route qui sera au moins aussi longue que celle que l'on a derrière soi. C'est plus motivant ! A mon âge, je m'inventerai une nouvelle route, mais je la traverserai pour une période plus courte. Cela se réalisera. Dès que j'aurai fait le deuil de la chanson. Je garde confiance en la vie.

Faire confiance n'a jamais été très difficile pour moi : je suis capable de me laisser aller à une confiance énorme dans les autres, une confiance absolue. Me laisser piloter me paraît naturel et assez sage – à condition, évidemment, que le pilote ait toutes les compétences requises dans son domaine d'action, qu'il ait un passé plaidant en sa faveur : je peux me reposer entièrement sur quelqu'un qui sait, et cela dans tous les domaines de ma vie, personnelle et professionnelle. Evidemment, je ne fais pas confiance aveuglément à tout le monde. En réalité, si j'ai le moindre doute sur les capacités, sur l'honnêteté ou sur les compétences d'un individu, je m'abstiens de toute confiance. J'écoute aussi mon intuition, cette petite voix intérieure qui peut me dire « vas-y » ou, au contraire, « abstiens-toi ». Elle se trompe parfois, je l'écoute quand même. Et en matière de confiance, je n'ai pas de demi-mesure : c'est la loi du tout ou rien qui régit ma vie. J'ai toujours agi ainsi et, en dépit de quelques déboires, presque normaux, il me semble que cette façon d'être m'a globalement réussi. C'est, je le crois, une grande force qui est en moi.

De longue date, j'ai appris qu'un comptable sait mieux compter que moi, que le boucher connaît sa viande mieux que je ne pourrai jamais le faire, et je cède entièrement la main à mon épouse pour ce qui est de la décoration de notre intérieur : je sais que le résultat sera bon, même si certaines idées me semblent osées, et même s'il vaut mieux parfois ne pas regarder quand elle est à mi-chemin de son travail.

Aujourd'hui, je me repose entièrement sur les médecins que j'ai choisis : ils savent donc je les laisse faire. Je ne leur pose aucune question – pas de détails quant au traitement qu'ils me donnent, pas de pronostics à court terme, pas de « dites-moi » ou « expliquez-moi d'abord » qui les gêneraient plus qu'autre chose. Ils vont, de toute manière, faire de leur mieux, et certainement mieux que je le ferais moi-même. Si je ne m'intéresse pas à la composition de ma chimiothérapie, cela ne veut pas dire que je suis indifférent à ses effets ni que je ne m'intéresse à rien d'autre ! Quant aux erreurs médicales, je n'y pense même pas : elles sont comme les accidents d'avion, elles peuvent advenir et, quand elles adviennent, elles sont spectaculaires, mais elles sont rares en termes de pourcentage. Je suis donc aussi détendu à l'hôpital que dans un avion. Très détendu.

Je n'ai pas appris à avoir confiance : j'ai l'impression que cette faculté est innée en moi. Depuis que je suis gamin, j'ai compris que je ne peux pas conduire à la place du conducteur ni, dans mon métier, jouer du piano à la place du pianiste. J'écris les textes de mes chansons, j'ai pleine confiance en ceux que je choisis pour les mettre en musique. J'ai donc opté pour le lâcher-prise : je laisse le pilote à la manœuvre, et je considère que je n'ai pas d'autre choix si je veux avancer. Certains voient cela comme une bizarrerie, une grande inconscience. Mon expérience me laisse penser que c'est le début de la sagesse. Et une des clés du bien-vivre. Etre en permanence dans la méfiance est une torture pour celui qui se méfie ! Il voit partout le mal ou le mal-faire, il soupçonne l'autre de lui mentir, de le tromper, de lui cacher la vérité, ou que sais-je encore. Sans confiance, il y a la guerre. Comme la vie doit être difficile pour ceux-là !

Il en va de même dans la vie privée. J'ai du mal à imaginer un couple, ou même une véritable amitié, qui durerait sans confiance. Quelle entente véritable peut-il y avoir entre ceux qui passeraient leur temps à se soupçonner, à s'épier, à ne pas croire l'autre, quoi qu'il dise, quoi qu'il fasse ? Prenez Paul (François Cluzet), l'aubergiste à qui tout sourit dans le film de Claude Chabrol, *L'Enfer* (1994). Il épouse Nelly (Emmanuelle Béart), la plus belle fille de la région, mais tout se gâte quand il commence à la soupçonner de le tromper. Il se monte la tête, se fait tout un cirque, finit par entendre des voix, par vivre un enfer. Nelly, elle, ne l'a pourtant jamais trompé, mais Paul a gâché sa vie et celle de sa femme...

Mais attention : la confiance ne veut pas dire la transparence. D'ailleurs, dans une relation entre humains, il me paraît absurde d'envisager qu'une totale transparence soit possible. Celle-ci n'est, à mon avis, d'ailleurs pas souhaitable. Nous gardons chacun son jardin intime, ses zones d'ombre, des pensées, un vécu qui n'appartiennent qu'à soi. Chacun de nous sait qu'il possède ce précieux jardin, alors pourquoi est-il parfois si difficile de reconnaître que l'autre aussi, quoi que l'on fasse, même si on le refuse, a son propre jardin, inviolable ? Et là, au-delà de ce jardin, il faut faire confiance quand même. Au-delà des mots, au-delà des explications.

La confiance se cultive, elle grandit tant qu'il n'y a pas d'« incidents de suspicion », un non-dit qui est lourd de sens, porteur d'orages, et qui n'a rien à voir avec les fleurs du jardin intime. C'est valable dans le couple, c'est valable dans les relations avec tous les êtres humains. Avez-vous remarqué que ce sont les personnes qui ne font pas confiance... à qui l'on fait le moins confiance ? Sans doute parce qu'elles charrient de manière très visible, même si elles veulent la cacher, la part de non-dits obscure qui tranche avec la franchise. Que de souffrances inutiles apporte ce comportement qui érige une barrière entre les humains...

Toutefois, ma confiance la plus totale, c'est en Dieu que je la place. Que Ta volonté soit faite ! Sans que je pose de questions inutiles ! Quand j'ai des soucis, des ennuis, j'ai la capacité de tout déposer aux pieds du Seigneur, de lâcher mon fardeau et de Lui dire : « Débrouille-toi avec ça, moi je dors. » Cela dit, je suis, comme tout le monde, un être de paradoxes. Je suis pleinement confiant, je me dis qu'Il ne peut pas m'abandonner dans telle ou telle circonstance, mais en même temps, je peux avoir la peur au ventre, une grosse inquiétude : et si, cette fois, il me lâchait ? Jésus est mort sur la croix en disant à son Père : « Pourquoi m'as-Tu abandonné ? » Si Jésus a été abandonné, Il me lâchera peut-être, moi aussi ? Pour le moment, Il ne m'a pas encore abandonné. Ce n'est pas mon heure...

Je crois à la Providence, mais je ne crois pas au destin écrit d'avance et prédéterminé. Avoir confiance, en un homme, en une femme, en Dieu, ne signifie pas que l'on se laisse embarquer dans un manège : nous ne sommes pas comme une feuille soulevée par le vent, ce qui signifierait que nous n'avons aucune consistance, et cela, je n'y crois absolument pas. Suivre le vent ne me plaît pas ! Nous n'avons pas d'itinéraire tout tracé, nous sommes comme un livre qui s'écrit au fur et à mesure que nous tournons les pages. A nous d'inventer la page suivante, le chapitre suivant. Osons d'abord l'impensable : ayons confiance dans la vie. Même si nous portons le poids de nos gènes et de notre héritage génétique, celui du milieu dans lequel nous avons grandi, de l'éducation

réapparition de certains caractères, qui ne s'étaient pas
venus d'un ancêtre et intermédiaires
manifestés dans les générations

que nous avons reçue, même s'il y a une grande part d'atavisme dans ce que nous sommes, et même si notre libre arbitre n'est qu'un petit trou de souris dans la muraille de Chine, ce trou existe, il est à notre portée de le trouver, de l'emprunter, de cesser d'être des marionnettes entre les mains de je ne sais quoi.

Comment faire ? Fastoche ! C'est en soi qu'il faut d'abord avoir confiance, et on peut alors distribuer sa confiance avec une générosité inouïe. Ici aussi, comme dans tous les domaines, donner, offrir est le meilleur rempart contre l'insatisfaction et l'amertume qui en découle.

En relisant ces lignes, je m'interroge sur ma légitimité pour aborder ces sujets. Je ne suis pas philosophe, je n'ai pas de diplômes prestigieux : mon bagage, c'est ce que mon expérience m'a appris. Cette question, je me la pose souvent quand, lors d'une interview, il m'est demandé de commenter un fait social, politique ou même économique. J'essaye de ne pas me tromper, mais qui suis-je pour juger des événements qui secouent notre société ? En France, c'est le lot de tous les *people*, appelés à donner leur avis sur tout. Ils ne sont pas les seuls : on voit, partout, autour de nous, beaucoup qui s'écoutent, qui jouent sérieusement dans une comédie ridicule et parfois dangereuse. Franchement, je reconnais que je réponds, moi aussi, mais je ne me sens pas compétent sur tous les sujets ! Avec les années qui passent, je suis de moins en moins certain de mes avis, et je n'aime pas me montrer savant en toutes choses. J'ai la nette impression que plus j'avance dans la vie, moins je sais.

Et je me rends compte que j'ai bien souvent fait celui qui savait pour répondre à toutes les questions. Je me rengorgeais, je me gargarisais avec mes propres paroles, mais je pense n'avoir rien dit d'extraordinaire. Je croyais savoir, en réalité je ne savais rien du tout. Est-ce un signe de sagesse ? Sans doute. Ou au moins celui d'une plus grande maturité. C'est en tout cas une preuve que je vais dans le bon sens.

9

Le jour où j'ai changé le monde

Je n'ai pas d'autre prétention que de donner le meilleur de moi-même dans ce que je crois savoir faire : chanter. J'y ai consacré toute ma vie et, en lisant le courrier qui me parvient, en écoutant ceux qui m'abordent sans que je les connaisse comme si j'étais une vieille connaissance, je me dis que j'ai réussi à accompagner la vie d'un certain nombre de personnes, sans le savoir, sans le vouloir. Mes chansons évoquent pour elles des moments heureux, leur jeunesse parfois, je leur ai donné du bonheur et j'ai du mal à exprimer le sentiment de plénitude que ce don me procure. Ces personnes, ces inconnus me parlent des odeurs, des couleurs que ces chansons ramènent en leur mémoire, et je me dis que ma mission, si j'en avais une (mais peut-être en avons-nous tous une ?), a été accomplie.

Je ne suis pas un grand intellectuel ni un géant de la pensée contemporaine. Je suis un troubadour qui m'adresse aux cœurs et, pour les atteindre, pour leur parler, les toucher, j'utilise la plus humaine des voies : les sens – et d'abord l'ouïe puisque je chante. Est-ce une communication au rabais ? A ce que je sache, nous ne sommes pas de purs esprits ! Toute notre manière d'être au monde passe par le corps : la nourriture, la musique et même la décoration ne sont-elles pas des baumes pour nos âmes ? Le bonheur passe aussi par la beauté, la sensualité. J'aimerais que la sensualité soit plus présente dans le monde, que nos vies soient plus érotisées.

Je mène mon bonhomme de chemin et poursuis ma quête du bonheur, avec ses hauts et ses bas. J'évite les complications : pour moi, pour nous tous, la sérénité passe par la simplicité. C'est ce seul message que j'ai toujours transmis, depuis ma première chanson à succès, « Chez Laurette », ce petit café du coin où l'on faisait la fête sans arrière-pensées, sans chichis, où un sourire, un clin d'œil et une dose d'amour suffisaient à nous remettre sur pied. Tranquille.

Quelle mouche a donc piqué Eric Zemmour qui, dans *Le Suicide français*, son best-seller qui a battu tous les records de vente en 2014, consacre quatre ou cinq pages à une seule de mes chansons ? Laquelle chanson est accusée par lui de n'être rien de moins que la tête de gondole des changements profonds intervenus dans la société française après Mai 68. Le rouage qui a fait basculer la société et plus largement l'Occident, qui a causé la chute de l'ancien système où, selon lui, tout allait bien parce que tout était à sa place. Je n'ai pas lu la totalité de son livre, je l'ai feuilleté, mais je me suis bien entendu arrêté à ces pages qui me concernent, d'abord avec stupéfaction, ensuite partagé entre amusement et affliction.

J'ai chanté « Les divorcés », cette chanson qui le préoccupe, en 1973. Un an, et il insiste là-dessus, avant la loi sur le divorce par consentement mutuel. Cette chanson conte l'histoire d'un divorce apaisé, j'ai presque envie de dire un divorce idéal, même si le divorce est toujours un échec. L'histoire d'une femme qui s'en va parce qu'il « n'y avait rien d'autre à faire ». Mais « la vie continue malgré tout ».

J'avais 26 ans quand j'ai écrit les paroles de cette chanson avec mon comparse Jean-Michel Rivat. A cette époque, c'est vrai, j'étais d'une infidélité totale, le mariage n'avait pas pour moi la valeur ni le sens que je lui donnerai plus tard. Le divorce non plus. Evidemment, mieux vaut ne pas divorcer. L'idéal d'un couple est de durer, et pour cela, des efforts sont nécessaires, chaque jour, voire chaque minute, car la vie n'est pas un long fleuve tranquille. L'érosion de la passion, les manies du quotidien, les humeurs (nous ne sommes pas tout le temps d'humeur égale ni joyeuse) sont autant de pièges qui attendent le couple. Or, rester ensemble toute une vie, malgré les aléas, est très beau, très humain – c'est aussi ce qui nous différencie des animaux. Néanmoins, il est des circonstances où un bon divorce vaut mieux qu'un mauvais mariage. Où une séparation dans la paix vaut mieux qu'une vie commune dans la guerre. Notre société est suffisamment mûre pour que toute séparation ne finisse pas dans un carnage, comme malheureusement cela arrive encore. Qu'il soit à l'initiative de l'homme ou de la femme, le divorce ne mérite pas excommunication. Le droit au bonheur vaut-il un divorce ?

Oui, parfois. Autrefois, cela aurait été impensable, Zemmour a raison. On ne divorçait pas parce que cela «ne se faisait pas», une femme divorcée était «une mauvaise femme», jetée aux bans de la société, et un enfant de divorcés était porteur d'une tare : il avait «la honte». Alors, était-ce mieux autrefois, comme le prétend Zemmour ?

Et voilà donc que je suis considéré comme celui qui a «fait entrer la France [...] dans l'ère du divorce apaisé». Plus encore, aux yeux d'Eric Zemmour et de ses comparses : «Il rejette la loi des pères», écrit-il à mon sujet. Je fais même tout exploser, avec une seule chanson, une société où «le divorce autorisé mais contenu, légal mais illégitime, le divorce qui doit rester exceptionnel, que toute une société – législateur, Justice, Eglises – s'efforce de limiter. Une société où la pérennité de la famille est préférée au bonheur des individus». Je suis donc, selon lui, un dangereux révolutionnaire, puisque je suis à l'origine, ou je fais partie de l'origine, du problème qu'il soulève, ou plutôt de ce qu'il croit être un problème : «A l'époque, écrit-il aussi, cette vision est nouvelle; elle surprend et plaît. Très vite, elle sera reprise par les journaux féminins, les “psys” en tout genre ; les mouvements féministes aussi. » Diable ! « La génération Delpech [...] a accouché d'une désintégration familiale jamais vue dans l'histoire de l'Occident. »

Mais enfin, c'était une simple chanson d'amour ! Il est peut-être vrai qu'aujourd'hui, comme Zemmour l'affirme, 80 % des divorces sont demandés par les femmes, mais je ne me suis jamais penché sur ces statistiques. Peut-on raisonnablement penser qu'une chanson puisse entraîner une telle révolution sociétale, culturelle, avoir une telle influence sur chaque femme qui, en l'écoutant, serait prise de l'envie dévorante de divorcer ? Ou bien Zemmour veut-il dire que j'aurais flairé l'air du temps, que j'ai précédé un mouvement qui a eu des conséquences aussi profondes, sur la France mais aussi sur l'ensemble de l'Occident, y compris sur ceux qui ne parlent pas français ?

Il affirme aussi que j'ai agi en faisant usage du charme et de la séduction. Diantre ! « Michel Delpech le conte d'une voix affectueuse. Il fait la paix, pas la guerre. A la télévision, il apparaît alors visage rond et doux, mèches brunes, longues et soyeuses, regard tendre, gestes alanguis :

l'homme s'est métamorphosé en femme. » L'idée du basculement de la société vers une féminisation malsaine, inappropriée, dangereuse, est l'une des obsessions d'Eric Zemmour. Personnellement, je ne sais pas ce que veut dire une féminisation : voilà une notion qui m'échappe un peu. Est-ce plus de sensualité, plus de volupté, plus de droit au plaisir ? Est-ce moins de haine, moins de violence, moins de guerres ? Mais ces envies-là ne sont ni féminines ni masculines, elles sont universelles ! Nous sommes plus libres, moins formatés, et alors ? Le fait de parler d'amour et de douceur mérite donc cinq pages d'un essai sociologique ? Une chanson et des passages à la télévision peuvent, c'est vrai, accompagner « une mutation des valeurs radicales » et amener chacun à préférer « la liberté et l'épanouissement personnel » à « la stabilité de la famille ». C'est ainsi que j'interprète l'influence supposée des « Divorcés ».

Mais en même temps, cette exégèse de ce que je suis, de ce que j'ai chanté, a quelque chose de marrant. J'ai lu et relu ces pages : je n'y vois ni un mal, ni une agression. Je n'ai jamais rencontré Eric Zemmour, sauf sur le plateau de Laurent Ruquier où je l'avais d'ailleurs trouvé assez sympathique. Il me juge d'après ce qu'il a vu de moi sur les écrans de télévision. Et il a bien jugé : le reflet que je donne est celui du « vrai moi-même ». En effet, je ne me suis jamais senti macho – même s'il peut m'arriver, *mea culpa*, d'avoir des comportements macho. Je suis le contraire d'un gros bras aux tatouages multiples, je n'ai jamais été un Mickey Rourke : la nature ne m'en a pas donné les moyens. Je n'ai jamais été agressif, et l'idée de chanter la haine ou la violence ne m'a jamais effleuré. Je n'aime pas la violence, je n'aime pas les mensonges. Et j'ai du mal à comprendre pourquoi mes choix seraient tellement... dangereux.

Parce que j'ai chanté, avec mon cœur et mon savoir-faire, l'homme s'est métamorphosé en femme ? J'aurais donc abattu tout seul, avec mon look affectueux, le modèle du macho ? Suscité par mes seules apparitions des mouvements de foule révolutionnaire ? Mes apparitions et une chanson, ne l'oublions pas...

Aujourd'hui, si la femme demande plus facilement le divorce, ce n'est pas parce que j'ai chanté « Les divorcés », mais parce qu'elle travaille, a les moyens de vivre seule, de s'assumer. Et donc de passer à cet acte qui était celui des hommes, un acte de rébellion. Les hommes se sont adoucis puisqu'ils n'ont plus besoin de faire la guerre, mais je ne pense pas qu'ils se soient féminisés pour autant. La féminisation de la société, si cette expression a un sens, est, à mon avis, toute relative. Pourquoi ne pas parler plutôt de virilisation des femmes ? Une virilisation à laquelle je ne donne aucune connotation péjorative, loin de là. Peut-être sont-elles simplement devenues, ou sont-elles en voie de devenir, du moins en Occident, des hommes comme les autres, selon l'expression consacrée.

Si j'y ai contribué, même dans une mesure microscopique, pas plus grande qu'une tête d'épingle, j'en serais très, très fier.

10

Chanter

J'ai guéri une première fois du cancer parce que j'étais certain de guérir. Ce n'était évidemment pas mon seul atout, je me suis plié à tous les traitements qui m'ont été prescrits, les chimiothérapies, radiothérapies et autres curiethérapies, j'ai été hospitalisé, mais je crois profondément que ma volonté a joué un rôle non négligeable dans le processus. On m'a trouvé, à peine un an plus tard, un autre foyer cancéreux, au même endroit. J'aborde ce nouveau combat avec de bonnes cartouches à ma ceinture et, curieusement, je sais déjà que je m'en sortirai.

Autant je suis sûr de guérir, autant je ne suis pas certain, avec la même force, de pouvoir à nouveau chanter, ce qui impliquerait pour moi de retrouver la totalité de mes moyens au niveau de l'élocution et des tonalités de la voix. Je me demande : « Est-ce que je vais à nouveau chanter ? » Et ça, ce n'est pas suffisant.

Ma voix est altérée. Bien sûr que la voix change avec l'âge, mais je connais bien des chanteurs qui se sont améliorés avec les années, des Johnny Cash, des Léo Ferré. Le cancer m'a touché l'année où je célébrais mes cinquante ans de carrière. Certes, je savais qu'un jour, le plus tard possible, il me faudrait décrocher. Que je ne chanterais pas jusqu'à quatre-vingt-dix ans. Mais j'avais encore le temps. Du moins je le croyais...

Je reprendrai bientôt les séances de rééducation, j'irai même en studio pour quelques tentatives d'échauffement de la voix, mais je n'y éprouverai pas de plaisir : ce sera pour moi un « travail », des exercices, une obligation. J'ai déjà parcouru ce chemin, je sais qu'il sera long et difficile. Je sais surtout que l'issue est incertaine. Après le cancer, la première fois que je me suis écouté à nouveau, j'ai eu mal. On m'a dit que je m'y habituerai, sous-entendu qu'on s'adapte à tous les handicaps. Je ne me suis pas « habitué » à cette voix, parce que je gardais au fond de moi l'espoir de faire mieux. Il me reste un gros travail à entreprendre. Un travail mental : me dire que cette voix, je vais la retrouver Mais il n'y a rien à faire. Je reste un peu en rade On ne peut pas zapper le cancer. Il prend en fait de plus en plus d'importance dans ma vie : plus les jours passent, plus il me prive de mon travail, et plus il devient énorme. C'est un adversaire encore trop vivant.

J'ai connu, au fil de la rééducation précédente, des hauts et des bas. Des jours où je progressais et j'étais sur mon petit nuage. Des jours où je régressais et où tout était à recommencer. A plusieurs reprises, j'ai même baissé les bras. Pourquoi s'accrocher puisque je ne rechanterai plus jamais ? Puis l'envie me revenait, mais toujours avec ce petit doute que je ne pouvais pas m'empêcher d'avoir au fond de moi. Je me dis qu'il restera peut-être un problème dans la machine.

Je ne reviendrai pas sur scène tant que ma voix ne sera pas parfaite. Ou du moins, tant que je n'estimerai pas qu'elle est la meilleure pour moi, comme ce fut le cas pendant cinq décennies. Je ne chanterai pas au rabais, je ne pourrais pas le supporter. Je crois que n'importe quel chanteur raisonnerait comme moi.

Je ne sais rien faire de mes dix doigts, pas même les choses les plus élémentaires : je n'ai jamais eu l'occasion d'apprendre. Je ne sais faire que ce pourquoi je suis là : chanter et paraître. Paraître est mon boulot – même si cela peut sembler prétentieux, même si l'on me rétorquera, à juste titre d'ailleurs, que l'être est bien plus important que le paraître. Mais je me dois au public. Il me manque. Il est ma raison d'être. La scène me manque, les émotions qu'elle procure me manquent. L'écriture, la création me manquent aussi. C'est ça, mon bonheur à moi. Elles me manqueraient encore plus si je n'étais pas sur ce lit d'hôpital, occupé à lutter contre cet adversaire qui veut me ronger...

Depuis que je suis malade, je n'ai pas chanté. Je n'ai pas non plus écrit une seule ligne de chanson. Je n'en ai pas envie. Or, pour cet exercice, il faut avoir envie. Il faut avoir une perspective aussi : si j'ai, un jour, une date approximative d'entrée en studio, une date de retour sur scène, je me remettrai immédiatement au travail. L'envie m'en démangera. Ce n'est pas le cas. «Je ne t'aurais pas vue» est la dernière chanson que j'ai écrite pour moi, en 2009, dans mon dernier album, *Sexa*. Peu après, j'ai répondu à l'appel de Line Renaud qui avait demandé des chansons à plusieurs auteurs dont Julien Clerc, Alain Chamfort, Grand Corps Malade, Adamo, moi. Je lui ai offert, en 2010, «Les torrents d'amour».

Quels que soient mes problèmes, quels que soient mes états d'âme, quand je chante, je les oublie. J'oublie tout pour me donner entièrement à ceux qui m'écoutent. En face de mon public, je me sens tellement vivant, tellement moi-même... Ces moments sont, en réalité, ma raison de vivre. Sur scène, je pense que je suis généreux. Je suis plus prudent dans ma vie quotidienne, parfois égoïste. Sans doute parce que j'ai connu très tôt la célébrité, que j'ai été très jeune le centre du monde – enfin, de mon monde. Trop jeune pour relativiser les strass, pour essayer d'y voir plus clair, pour en faire fi, du moins à certains moments. Pour comprendre que cette vie autocentrée n'était pas la plus agréable des vies, même si elle était la plus clinquante, la plus flamboyante. Je m'identifiais pleinement au chanteur. Je n'étais que ce chanteur. Avec le recul, il est toujours très, trop facile de juger. Mais il est fort possible que si tout était à refaire, je referais tout... de la même manière.

J'ai connu l'alcool, quelques drogues, j'ai beaucoup fumé. Je n'ai pas mené la vie la plus saine qui soit, mais c'était une vie très créative. Heureuse parce que très créative. Je ne bois plus, je ne fume plus, et les joints ont cessé de me procurer les sensations merveilleuses qu'ils me faisaient autrefois éprouver. Le dernier que j'ai essayé, il y a quelques années, m'a même écœuré. Et comme tous les pères, le jour où j'ai su que mes enfants avaient essayé à leur tour, je les ai mis en garde contre les conséquences et les ravages des drogues, même des plus douces – en essayant, à cet instant, de ne pas me souvenir que j'avais moi-même été un fumeur invétéré. C'est drôle, la vie, vous ne trouvez pas ?

Aujourd'hui, je suis profondément touché de me voir si diminué. Quand je suis interviewé à la télévision ou à la radio et que je me vois ou m'entends, je mesure le chemin qu'il me reste à parcourir avant de redevenir moi-même. Pourtant, tout ce que je fais est en fonction d'un retour sur scène, auprès du public. J'en ai tellement envie... Mais il n'y a rien à faire : mon intuition, mon feeling, ne me suit pas dans cette envie. Et cela, ça ne se décrète pas.

11

La clé du bonheur

J'envie ceux qui sont d'un naturel optimiste, qui ont du rire sur le visage, qui sont tout le temps sûrs d'eux, sûrs que « ça va marcher ». J'aime leurs « rides du bonheur », leurs traits qui se tendent vers le haut, leurs visages avenants. Je donnerais cher pour être comme eux ! Moi, je suis un douteur professionnel avec un « visage de cocker » : même quand je ris, mes yeux tombent, mes sourcils aussi. Est-ce le fait de trop douter qui rend, pour moi, le bonheur inaccessible ? En tout cas, je n'ai pas une grande faculté à être heureux. Je rumine, je cogite, je suis assez ténébreux.

Le bonheur est une pépite que nous voudrions tous tenir en main, sans réaliser que c'est plutôt un étalon-or, une utopie vers laquelle on doit tendre. Certains s'en approchent plus que d'autres. Moi, je m'en approche moins que les autres. Sans doute que je place la barre trop haut. Toutes les barres, d'ailleurs. Suis-je très sévère envers moi-même ? Je sais, théoriquement, que l'ouverture aux autres est une condition essentielle du bonheur. Mais je vais vous faire une confidence : je me trouve un peu misanthrope, je ne suis pas sûr d'aimer vraiment mon prochain. Je ressens pour lui de la sympathie, de l'empathie, plein de choses positives... mais est-ce que je l'aime ? Aimer signifie prendre vraiment soin de son prochain, le faire passer avant soi, avant ses envies, avant ses désirs, avant son propre bien. J'y aspire, je n'y arrive pas. Et ça me rend malheureux.

Ce qui empêche le bonheur, nous le rend inaccessible, ce sont toutes les passions dévorantes qui nous aliènent, qui nous mènent à répéter les mêmes erreurs, sans jamais réussir à apprendre de la vie. Elles nous donnent l'illusion d'être la porte de notre liberté, elle-même gage de bonheur. Quelle erreur de le croire ! Je n'ai pas eu une vie toute tracée : ma nature me l'aurait interdit. Je n'ai pas connu la monotonie de journées qui se ressemblent, les réveils à heure fixe, l'attente des vacances pour enfin se sentir «libre» des contraintes du quotidien. Suis-je libre pour autant? Libre parce que je peux me réveiller quand je veux, partir si je veux, boire si j'en ai envie et ne pas être contraint d'obéir à un supérieur hiérarchique? Ce sont des avantages, évidemment. Mais ce n'est pas ce que j'appelle la liberté en tant que voie vers le bonheur.

Etre libre, c'est se placer dans un mouvement bien précis, et pouvoir tracer sa route en toute conscience – c'est-à-dire en étant conscient de ce que nous sommes en train de faire. La liberté, c'est s'accrocher à sa vérité. C'est agir sans se laisser emporter par ses impressions, par ses envies immédiates, mais en faisant les choses comme il est bon de les faire.

La liberté, et le bonheur qui va avec, consistent à éviter ce que j'appelle les péchés, mais que je préfère ici traduire par erreurs. Car je ne mets aucune connotation morale à la notion de péché, je ne me réfère absolument pas aux listes dressées par l'Eglise et les religions, ni d'ailleurs à aucune blacklist imposée par n'importe quelle instance : le péché n'existe que quand on n'écoute pas sa conscience, quand on la transgresse. Le plus grand mal que cela puisse causer, c'est à soi-même qu'on l'inflige. Et c'est le plus grand des maux, qui n'a rien à voir avec ce que l'on appelle la morale. Notre voix intérieure est là pour nous aider à lever le voile. Je pense que c'est parce qu'on ne l'écoute pas assez qu'on est toujours embrumé. Ce qui empêche de l'écouter ? L'attrait du mal, justement. La peur de la liberté aussi. Il est si facile de se laisser tout dicter de l'extérieur et de vivoter sans jamais rien chercher au fond de soi pour aller de l'avant.

Les philosophies, les religions dans ce qu'elles ont de meilleur, c'est-à-dire la spiritualité, sont en ce sens des aides non négligeables pour accéder au bonheur. A condition de les considérer avant tout comme des écoles de sagesse, et j'aimerais bien réussir un jour à mettre vraiment en pratique tous leurs enseignements. Ils sont difficiles, et le chemin du Christ est particulièrement ardu, exigeant. Si on les entend bien, elles nous demandent d'être d'abord raccord entre ses actes et sa pensée. Ce n'est pas toujours le cas pour moi, je le reconnais.

C'est quoi être sage ? C'est être juste. Vis-à-vis de soi-même, vis-à-vis des autres, vis-à-vis des événements de l'existence. C'est cela, la véritable aventure. Or, je ne suis pas sage, même si j'ai acquis un peu de savoir dans ce domaine. Tout au long de ma vie, j'ai même été le contraire d'un sage. D'un juste. En réalité, je ne suis sage en rien, mais je n'ai pas abandonné l'idée d'essayer de le devenir.

Mon chemin, pour commencer à lever ce voile qui nous sépare de notre moi profond, de notre vraie nature, est passé par Dieu et par le christianisme. Jeune, j'ai tenté d'autres voies, y compris des méthodes de développement personnel. Aujourd'hui, la question de changer de voie ne se pose même pas pour moi : même si ma religion ne m'apporte pas l'état de bonheur auquel j'aspire, je suis certain que le Christ est le Christ et que sa parole est celle de Dieu. Sans ce chemin, je serais perdu. Cela ne signifie pas que je détiens l'entière vérité : à chacun de choisir la voie qui lui convient, quelle qu'elle soit, religieuse, philosophique, ou même suivant une pratique comme la méditation. Ou bien rien du tout si on est assez fort pour cela. Objectif commun : apprendre à bien vivre.

J'essaye de m'améliorer, je ne sais pas si j'y parviens, je ne m'en rends pas compte. J'essaye de faire pour le mieux, mais je me laisse encore trop souvent emporter par mes passions. La vie est une chose sérieuse, très sérieuse. Ce n'est pas un jeu. Elle a ses lois, elle est sublime, impitoyable, mais il faut savoir la vivre, et ce n'est pas simple. Je ne pense pas qu'il faille être héroïque à chaque instant, merveilleux et sage à chaque minute de l'existence, on ne le peut pas, c'est au-delà de nos possibilités. Engagés dans le monde, dans la vie active, nous n'avons pas la même latitude que ceux qui s'en retirent pour se recueillir et se consacrer à leur seul jardin.

Au fil du temps, beaucoup d'illusions s'en vont. On se déleste. On approche sans doute de la plénitude. Plus on atteint la plénitude, plus on peut se considérer heureux. Mais cette plénitude ne vient pas de mouvements extérieurs : elle vient de la manière dont on regarde les choses, dont on les appréhende. C'est une démarche intérieure. Il ne suffit pas d'être aimé de sa femme et de ses enfants pour y accéder. C'est formidable, mais ça ne suffit pas. La plénitude va au-delà. C'est un cheminement. Quelque chose vers lequel on tend. Une chose que je ne saurais pas nommer. C'est la paix, quoi. *A long and winding road...*

Table

Prologue 7

1. Guérir parce qu'on y croit 15
2. Je ne suis pas un joyeux luron 29
3. Du foot et autres plaisirs 39
4. Aimer la vie 55
5. La première cuillerée de glace 67
6. Oser l'amour 79
7. Mon chemin 91
8. Savoir faire confiance 107
9. Le jour où j'ai changé le monde 117
10. Chanter 127
11. La clé du bonheur 135